新时代乡村振兴之路

张博 著

河南省创新实践研究

HENAN

中原出版传媒集团
中原传媒股份公司

大象出版社
·郑州·

图书在版编目(CIP)数据

新时代乡村振兴之路：河南省创新实践研究/张博著.—郑州：大象出版社，2023.12
ISBN 978-7-5711-1949-2

Ⅰ.①新… Ⅱ.①张… Ⅲ.①农村-社会主义建设-研究-河南 Ⅳ.①F327.61

中国国家版本馆 CIP 数据核字(2023)第 240121 号

XIN SHIDAI XIANGCUN ZHENXING ZHI LU

新时代乡村振兴之路
——河南省创新实践研究

张 博 著

出 版 人	汪林中
策 划	张桂枝 孟建华
责任编辑	丁子涵 司 雯
责任校对	张英方 乔 瑞 代亚丽
装帧设计	付锞锞

出版发行	大象出版社(郑州市郑东新区祥盛街 27 号 邮政编码 450016)
	发行科 0371-63863551 总编室 0371-65597936
网 址	www.daxiang.cn
印 刷	河南新华印刷集团有限公司
经 销	各地新华书店经销
开 本	720 mm×1020 mm 1/16
印 张	16
字 数	191 千字
版 次	2023 年 12 月第 1 版 2023 年 12 月第 1 次印刷
定 价	58.00 元

若发现印、装质量问题，影响阅读，请与承印厂联系调换。
印厂地址 郑州市经五路 12 号
邮政编码 450002　　电话 0371-65957865

目 录

前　言 / 001

第一章　乡村振兴的时代价值 / 001

一、乡村振兴是新时代建设农业强国的重要任务 / 003

二、乡村振兴是扎实推动共同富裕、实现中国式现代化的必由之路 / 006

三、乡村振兴是应对国际不确定不稳定风险挑战的迫切需要 / 016

第二章　全面推进乡村振兴的理论指引 / 019

一、全面推进乡村振兴理论的理论基础和丰富内涵 / 021

二、全面推进乡村振兴理论的精神特质和理论品格 / 036

三、全面推进乡村振兴理论的科学指引和实践发展 / 043

第三章　河南省实施乡村振兴战略的创新探索 / 051

一、河南省实施乡村振兴战略的部署安排 / 053

二、河南省实施乡村振兴战略的政策体系 / 058

三、河南省实施乡村振兴战略的主要成效 / 060

四、河南省实施乡村振兴战略的重要经验 / 068

五、河南省全面推进乡村振兴的研究评述 / 075

第四章　豫东南发展县域经济促进乡村振兴的创新实践 / 095

一、豫东南区域的共性特征
　　——基于淮滨、平舆、西华、睢县四县的分析 / 096

二、发展县域经济促进乡村振兴的做法与经验、挑战与应对、
　　思考与启示 / 098

三、推进发展壮大县域经济促进乡村振兴的对策建议 / 120

第五章　从脱贫攻坚到乡村振兴的信阳探索 / 123

一、信阳市巩固拓展脱贫攻坚成果有效衔接乡村振兴的做法成效 / 125

二、信阳市巩固拓展脱贫攻坚成果有效衔接乡村振兴的经验与启示 / 133

三、信阳市从脱贫攻坚到乡村振兴的发展展望 / 140

第六章　全面推进乡村振兴的兰考样本 / 163

一、兰考县全面推进乡村振兴的成效与做法 / 165

二、兰考县全面推进乡村振兴面临的困难与挑战 / 176

三、兰考县全面推进乡村振兴的对策建议 / 179

第七章　旅游民宿产业发展推进乡村振兴的林州实践 / 191

一、林州市特色产业发展的基本情况 / 192

二、林州市乡村旅游民宿产业发展的做法与成效 / 193

三、林州市乡村旅游民宿产业发展促进乡村振兴的思考 / 209

第八章　农村职业教育服务乡村振兴案例研究 / 213

一、农村职业教育服务乡村振兴政策演进历程 / 215

二、农村职业教育服务乡村振兴案例研究 / 225

三、基于农村职业教育服务乡村振兴案例研究的思考 / 234

四、深刻理解农村职业教育服务乡村振兴的理论创新与时代意蕴 / 241

后　记 / 247

前　言

党的十八大以来，党中央坚持把解决好"三农"问题作为全党工作的重中之重，把脱贫攻坚作为全面建成小康社会的标志性工程，组织推进人类历史上规模空前、力度最大、惠及人口最多的脱贫攻坚战，启动实施乡村振兴战略，推动农业农村取得历史性成就、发生历史性变革，脱贫攻坚取得全面胜利。习近平总书记指出，脱贫攻坚取得胜利后，要全面推进乡村振兴，这是"三农"工作重心的历史性转移。党的二十大对全面推进乡村振兴进行新的决策部署，系统阐述了全面推进乡村振兴、加快农业农村现代化、建设农业强国的新要求。全面推进乡村振兴，对于确保经济社会平稳健康发展和社会大局稳定、推进实现第二个百年奋斗目标具有基础和决定性作用；坚持农业农村优先发展，实施乡村振兴战略，是系统解决经济结构性体制性矛盾、发展不平衡不充分不协调不可持续问题的必然选择，是实现共同富裕、全面建设社会主义现代化国家的必由之路；全面推进乡村振兴，有利于整体提升农业、农村和农民的发展水平，有利于从根本上实现城乡均衡发展、农业充分发展、农民全面发展，有利于促进共同富裕目标的实现。

河南是农业大省、农村人口大省、粮食生产大省，以习近平同志为核心的党中央对河南省"三农"工作高度重视、寄予厚望。党的十八大以来，习近平总书记多次到河南考察，并参加十三届全国人大二次会议河南代表团审议，每次必讲"三农"，对实施乡村振兴战略提出一系列新要求，作出一系列新部署，为河南省全面推进乡村振兴、加快推进农业农村现代化、建设农业强省指明了方向，提供了根本遵循。新时代以来，河南省委、省政府认真贯彻习近平总书记关于"三农"工作重要论述以及考察河南重要讲话、重要指示，坚持"三农"工作重中之重地位不动摇，坚持将实施乡村振兴战略纳入"十大战略"全面部署，坚持五级书记抓乡村振兴，坚持建立健全工作推进机制及政策体系，坚持结合河南实际创新实践，全面推进乡村振兴、农业强省，不断取得新进展，在促进农业高质高效、乡村宜居宜业、农民富裕富足中积累了许多走在全国前列的新经验。因此，以实践为基础，深入总结、研究河南省全面推进乡村振兴的创新实践，一方面对于河南省继续走好新时代乡村振兴道路具有重要意义，另一方面可为全国展示河南实施乡村振兴战略的特色做法经验。

本书以习近平总书记关于全面推进乡村振兴战略的重要论述、建设农业强国方略、中国式现代化理论为指引，立足河南、面向全国，聚焦新时代河南省实施乡村振兴战略的创新实践，分两个部分开展研究。第一部分是总论，包括乡村振兴的时代价值、全面推进乡村振兴的理论指引、河南省实施乡村振兴战略的创新探索等。第二部分是分论，选取豫东南片区、信阳市、兰考县、林州市全面推进乡村振兴的创新实践以及农村职业教育服务乡村振兴案例，进行了系统深入的经验总结和学理研究。总论侧重于理论指引和决策部署，分论侧重于实践落实与创新探索。

全书以高质量发展为主线，理论与实践有机结合，地域做法特殊性与全国经验普遍性并重，立体式、多维度展示了新时代河南省全面推进乡村振兴的创新实践显著成效及经验成果，以期为广大干部群众，特别是负责和参与乡村振兴工作的各级干部提供参考和借鉴。

第一章

乡村振兴的时代价值

党的十九大提出乡村振兴战略,这是以习近平同志为核心的党中央从党和国家事业全局出发,着眼于实现"两个一百年"奋斗目标、顺应亿万农民对美好生活的向往作出的重大决策。"我们要认真总结改革开放特别是党的十八大以来'三农'工作的成就和经验,准确把握'三农'工作新的历史方位,把党中央提出实施乡村振兴战略的战略意图领会好、领会透。"[1]"把乡村振兴战略作为新时代'三农'工作总抓手。"[2]2020年年底,习近平总书记在中央农村工作会议上的讲话中指出,党的十八大以来,党中央坚持把解决好"三农"问题作为全党工作的重中之重,把脱贫攻坚作为全面建成小康社会的标志性工程,组织推进人类历史上规模空前、力度最大、惠及人口最多的脱贫攻坚战,启动实施乡村振兴战略,推动农业农村取得历史性成就、发生历史性变革。农业综合生产能力上了大台阶,农民人均收入较2010年翻一番多,农村民生显著改善,乡村面貌焕然一新。习近平总书记强调,脱贫攻坚取得胜利后,要全面

---

[1] 中共中央党史和文献研究院编《习近平关于"三农"工作论述摘编》,中央文献出版社,2019,第6页。

[2] 习近平:《把乡村振兴战略作为新时代"三农"工作总抓手》,《求是》2019年第11期。

推进乡村振兴,这是"三农"工作重心的历史性转移。[①]习近平总书记在党的二十大报告中,对全面推进乡村振兴进行了新的决策部署,系统阐述了全面推进乡村振兴、加快农业农村现代化、建设农业强国的新要求。总书记关于乡村振兴的新思想新观点高瞻远瞩、内涵丰富、要求明确,深刻回答了为什么要振兴乡村、怎样振兴乡村等一系列重大理论和实践问题,是党领导"三农"工作百年实践探索的新发展新总结,是习近平新时代中国特色社会主义思想的重要组成部分。习近平总书记关于乡村振兴重要论述为深刻理解、准确把握乡村振兴的时代背景提供了遵循。

一、乡村振兴是新时代建设农业强国的重要任务

全面推进乡村振兴、加快建设农业强国,是党中央着眼全面建成社会主义现代化强国作出的战略部署。在2022年中央农村工作会议上,习近平总书记发表重要讲话,结合贯彻落实党的二十大精神,着眼全面建成社会主义现代化强国的全局大局,系统阐释了建设农业强国、加快推进农业农村现代化、全面推进乡村振兴的一系列重大理论和实践问题,深刻指出,实现由农业大国向农业强国转变,必须全面推进乡村振兴,加快农业农村现代化。"建设农业强国是一项长期而艰巨的历史任务,要分阶段扎实稳步推进,以钉钉子精神锲而不舍干下去。当前要把重点放在全面推进乡村振兴上,多做打基础、利长远的事情。"[②]"建设农

[①] 《习近平在中央农村工作会议上强调 坚持把解决好"三农"问题作为全党工作重中之重 促进农业高质高效乡村宜居宜业农民富裕富足》,《人民日报》2020年12月30日,第01版。

[②] 习近平:《加快建设农业强国,推进农业农村现代化》,《求是》2023年第6期。

业强国，当前要抓好乡村振兴。'三农'工作重心已经实现历史性转移，人力投入、物力配置、财力保障都要转移到乡村振兴上来。"[1]

全面推进乡村振兴通过坚决守住"两条底线"为建设农业强国奠定基础。全面推进乡村振兴、实现共同富裕的前提是巩固脱贫攻坚成果，防止规模性返贫。一要牢牢守住保障国家粮食安全底线。习近平总书记指出："粮食安全是'国之大者'。悠悠万事，吃饭为大。民以食为天。"[2]我国是人口大国，无论发展到什么程度，保障粮食和重要农产品稳定安全供给始终是建设农业强国的头等大事，是全面推进乡村振兴的目标和基础。二要坚决守住不发生规模性返贫底线。习近平总书记指出："巩固拓展脱贫攻坚成果是全面推进乡村振兴的底线任务，要继续压紧压实责任，把脱贫人口和脱贫地区的帮扶政策衔接好、措施落到位，坚决防止出现整村整乡返贫现象。"[3]这就需要完善监测帮扶机制，包括针对农村低收入人群的"两不愁三保障"及收入的动态监测机制，预防返贫致贫的精准识别机制，以及政府、市场、社会资源统筹，事前预防与事后帮扶、开发式帮扶与保障性措施、外部帮扶与群众自我发展相结合的产业就业帮扶、综合保障与临时救助帮扶、扶志扶智帮扶及其他帮扶多措并举的综合帮扶机制。

全面推进乡村振兴通过统筹推进"三个乡村"推动农业强国建设。

---

[1] 习近平：《加快建设农业强国，推进农业农村现代化》，《求是》2023年第6期。

[2] 《习近平在看望参加政协会议的农业界社会福利和社会保障界委员时强调 把提高农业综合生产能力放在更加突出的位置 在推动社会保障事业高质量发展上持续用力》，《人民日报》2022年03月07日，第01版。

[3] 《习近平在中央农村工作会议上强调 锚定建设农业强国目标 切实抓好农业农村工作》，《人民日报》2022年12月25日，第01版。

全面推进乡村振兴是乡村发展、乡村建设、乡村治理有机组成的系统工程。建设"宜业"乡村、实现产业兴旺，必须聚焦产业促进乡村发展；扎实稳妥进行乡村建设的目标是使乡村更"宜居"，让农民就地过上现代文明生活；改进和加强乡村治理的目的是让农村既充满活力又稳定有序，建成"和美"乡村。全面推进乡村振兴，一是聚焦产业促进乡村发展。习近平总书记指出，产业振兴是乡村振兴的重中之重，要落实产业帮扶政策，做好"土特产"文章，依托农业农村特色资源，向开发农业多种功能、挖掘乡村多元价值要效益，向一二三产业融合发展要效益，强龙头、补链条、兴业态、树品牌，推动乡村产业全链条升级，增强市场竞争力和可持续发展能力。[1] 二是扎实稳妥推进乡村建设行动。实施乡村建设行动，应坚持数量服从质量、进度服从实效，求好不求快，以普惠性、基础性、兜底性民生建设为重点，既尽力而为又量力而行。乡村建设应做到先规划后建设，乡村建设规划要遵循因地制宜理念，突出地域特色。三是改进和加强乡村治理。习近平总书记指出，要健全自治、法治、德治相结合的乡村治理体系，让农村既充满活力又和谐有序。提高农村基层组织建设质量，应针对目前农村基层干部能力水平较低、农村基层党组织建设较弱、农村基层权力使用监督有效性不足等问题，着力提升农村基层干部的战斗力，着力加强农村基层党组织的领导力，着力提高农村基层权力运用的约束力。

全面推进乡村振兴通过持续激发乡村振兴新动能为建设农业强国提供发展动力。一是坚定不移深化农村改革。改革创新是农村发展的根

---

[1] 《习近平在中央农村工作会议上强调 锚定建设农业强国目标 切实抓好农业农村工作》，《人民日报》2022年12月25日，第01版。

本动力，应从解决农业农村发展的深层次矛盾出发，坚持不懈地推进农村改革和制度创新，以处理好农民和土地的关系为主线，聚焦深化农村土地制度改革、巩固和完善农村基本经营制度、完善农业支持保护制度等重点领域和关键环节，有效解放和发展农村生产力，不断巩固和完善中国特色社会主义农村基本经济制度，为全面推进乡村振兴提供更有力的支撑。二是持续凝聚帮扶力量。完善东西部协作和对口支援帮扶，解决好帮扶资源重叠分散等问题，着力提升协作效率，深化全方位合作，推动协作双方在更高层次实现协调发展。对脱贫村、易地扶贫搬迁安置村（社区）继续选派驻村第一书记和工作队，进一步发挥其在加强村党组织建设、推进强村富民、提升帮扶村治理水平、为民办事服务方面的作用。三是着力促进数字乡村建设。夯实农村数字化发展基础，加强农村数字新基建、夯实数字农业基础、构建合理高效的数字普惠金融体系。加快推动城乡数字创新要素流通，促进数字资源从城市向乡村扩散、推动科技创新要素在城乡之间自由流动等。四是强化基础设施和公共事业县乡村统筹。强化基础设施和公共事业县乡村统筹，是实现城乡融合发展的客观要求，是实现县域高质量发展、全面推进乡村振兴的客观要求，是以人民为中心的发展思想的充分体现。

二、乡村振兴是扎实推动共同富裕、实现中国式现代化的必由之路

新时代新征程，"我国社会主要矛盾已经转化为人民日益增长的美好生活需要和不平衡不充分的发展之间的矛盾。社会主要矛盾的变化要求我们在继续推动发展的基础上，着力解决好发展不平衡不充分问题，

更好满足人民日益增长的美好生活需要"[①]。全面推进乡村振兴，就是要协调推进农村经济建设、政治建设、文化建设、社会建设、生态文明建设和党的建设，解决好农业农村发展相对滞后问题，通过促进乡村全面发展补齐现代化进程中的短板弱项，扎实推动共同富裕、加快中国式现代化的进程。

（一）乡村振兴是有效缓解乃至解决社会主要矛盾的必然选择

从城乡发展的不平衡性看，整体而言，乡村发展落后于城市，只有实施乡村振兴战略，全面推进乡村振兴，才能够避免一边是越来越现代化的城市，一边却是越来越萧条的乡村的景象。只有让乡村尽快跟上国家发展步伐，中华民族伟大复兴才有可能真正实现，这就是"民族要复兴，乡村必振兴"的含义。

乡村振兴以持续巩固拓展脱贫成果为首要任务，守住不发生规模性返贫底线是解决社会主要矛盾的基础。国内外减贫理论与实践表明，扶贫工作往往会经历扶贫—脱贫—返贫的过程，因此在脱贫之后要继续做好巩固拓展脱贫攻坚成果的工作。2020年12月中共中央、国务院出台的《关于实现巩固拓展脱贫攻坚成果同乡村振兴有效衔接的意见》进一步强调，脱贫攻坚目标任务完成后，设立5年过渡期。脱贫地区要根据形势变化，理清工作思路，做好过渡期内领导体制、工作体系、发展规划、政策举措、考核机制等有效衔接，从解决建档立卡贫困人口"两不愁三保障"为重点转向实现乡村产业兴旺、生态宜居、乡风文明、治理有效、生活富裕，从集中资源支持脱贫攻坚转向巩固拓展脱贫攻坚成

[①] 习近平：《论"三农"工作》，中央文献出版社，2022，第235页。

果和全面推进乡村振兴。可见，"十四五"时期中西部脱贫地区实现乡村振兴的重点工作是巩固拓展脱贫攻坚成果同乡村振兴有效衔接。2020年习近平总书记在中央农村工作会议上强调，脱贫攻坚取得胜利后，要全面推进乡村振兴，这是"三农"工作重心的历史性转移。要坚决守住脱贫攻坚成果，做好巩固拓展脱贫攻坚成果同乡村振兴有效衔接，工作不留空档，政策不留空白。

乡村振兴的核心任务就是实现巩固拓展脱贫攻坚成果同乡村振兴有效衔接，有效衔接是解决社会主要矛盾的重要内容。由于自然、历史原因，我国大部分脱贫地区、脱贫群众尽管解决了"两不愁三保障"，摆脱了绝对贫困，但这些地区、人群脱贫基础尚不稳固。有的仅靠外部"输血"脱贫，内生"造血"能力不足；有的地方刚迈上持续发展的轨道，如果已有支持政策退出过快，返贫的风险和压力很大；还有相当数量的低收入农户存在致贫风险，一旦遇到灾害或意外，可能陷入贫困陷阱。国内外实践证明，解决发展不平衡不充分问题具有长期性、复杂性、艰巨性的特点。巩固拓展脱贫攻坚成果，是缩小区域和群体发展差距的基础工程，也是实施乡村振兴战略的内在要求和长期任务。在脱贫攻坚战取得全面胜利的基础上，只有实现巩固拓展脱贫攻坚成果同乡村振兴的有效衔接，把帮扶欠发达地区和农村低收入人口纳入乡村振兴规划和行动中一体安排，持续推进欠发达地区经济社会发展和群众生活改善，持续缩小区域和群体发展差距，才能跟上全面建成社会主义现代化强国的坚实步伐。我国如期打赢脱贫攻坚战，意味着贫困人口全部脱贫、贫困村和贫困县实现摆脱绝对贫困，意味着我国区域性整体贫困基本解决，这为乡村振兴战略的实施奠定了良好基础。脱贫攻坚使得贫困地区农村居民的收入实现快速增长，增速高于同期全国农村居民的收入增速。脱困地区居民实现了家庭耐用消费品的从无到有再到升级换代，洗衣机和电冰箱基本成为家庭必备品，移动电话基本成为劳动力的必备品，这不仅使贫困农户从繁重的家庭劳动中解脱出来去从事更多的生产经营活动，而且对外信息交流的接入设施设备条件明显改善，有助于缩小脱贫户和一般农户之间的信息鸿沟。脱贫攻坚的成功实践也为乡村振兴提供了精准思维、系统思维、辩证思维等思维方法。从国家战略来看，脱贫攻坚的胜利是实现第一个百年奋斗目标的底线任务，而乡村振兴则是对接第二个百年奋斗目标，实现共同富裕。脱贫攻坚取得全面胜利，全面建成小康社会目标如期实现，这就为促进共同富裕创造了良好条件。从覆盖主体看，脱贫攻坚和乡村振兴的对象不同，从覆盖贫困地区重点是集中连片特困地区、深度贫困地区为主，转向覆盖所有乡村，从覆盖建档立卡贫困人口转向覆盖低收入人口和一般人口，既覆盖脱贫地区，也覆盖非脱贫地区。从目标内容来看，脱贫攻坚和乡村振兴的一致性目标，就是实现农民"居者有其屋"、生活富裕、乡村产业发展、社区有效治理。由此可见，脱贫攻坚有效衔接乡村振兴，一方面是前者的直接成效奠定了脱贫地区特别是脱贫村实现振兴的基础，另一方面，后者为稳定脱贫逐步实现致富增强了"造血"功能。从乡村发展逻辑来看，脱贫攻坚具有多维贫困治理特点，这与乡村振兴涵盖经济、文化、社会、生态等多方面有持续一致性，也就是说脱贫攻坚的多维贫困治理契合乡村振兴的发展需要。

（二）乡村振兴促进乡村全面发展，推动构建新发展格局

党的十九届六中全会指出，中国仅用几十年时间就走完发达国家几百年走过的工业化历程，创造了经济快速发展和社会长期稳定两大奇

迹。如何续写奇迹，如何在构建新发展格局中促进农村经济社会的全面发展，就需要全面推进乡村振兴，走高质量乡村振兴道路。

乡村振兴加快推进农业农村现代化进程，有助于发挥好"三农"基础在应变局与开新局中的"压舱石"作用。从"应变局"看，农村始终能够发挥国家发展蓄水池和稳定器的重要作用，为现代化发展中的进城农民始终提供生计保障和返乡退路。从"开新局"看，实施乡村振兴战略从硬件和软件上全面提高农业农村的现代化水平，强化县城综合服务能力，成为国内经济发展的"新引擎"。推动乡村振兴和新型城镇化的"双轮驱动"，将充分挖掘农村消费投资需求潜力，为畅通国内大循环、确保国内国际双循环健康发展提供坚强支撑。

乡村振兴大力促进农业多种功能拓展，有助于统筹发展与安全。乡村振兴战略强调乡村的价值与功能，是守护国家粮食安全、人民生命安全的重大发展战略。乡村占国土面积的90%以上，承担着为国家、为城市提供生态屏障和生态产品的重要功能。乡村振兴战略强调要创造性转化和创新性发展中华优秀传统文化，有助于树立国民文化自信、坚定理想信念，共圆中华民族伟大复兴梦想。

乡村振兴补齐农业农村发展短板，有助于缩小城乡发展的不平衡。从增加农民收入维度看，乡村振兴以产业兴旺为发展目标，强调一二三产业融合发展，不断扩宽延长农业生产的产业链和价值链，目的就是要通过对农业的现代化改革提升农业生产效率，切实提高农民的收入，缩小工农收入差距。从提高农民生活水平维度看，乡村振兴战略通过推动乡村建设行动和县域内融合发展，从根本上提高农民的生活水平，提高农民的获得感和幸福感。从提升农村文明程度维度看，乡村振兴强调坚持以社会主义核心价值观为引领，通过建设新时代文明实践站、制定村规民约、开展移风易俗等行动，培育文明乡风、良好家风、淳朴民风，推动建设邻里守望、诚信重礼、勤俭节约的文明乡村。

乡村振兴把乡村"治理有效"作为总要求之一，有助于夯实党在基层的执政基础。坚持党的基层组织建设，将为全面推进乡村振兴提供坚强政治和组织保障。坚持和完善"第一书记""驻村帮扶"等脱贫攻坚中积累的成果经验，持续改进党群关系，让党员干部真正成为群众的贴心人，让广大农民群众紧紧凝聚在党组织的周围。在党组织的领导下大力发展集体经济，有利于在带领群众共同致富的过程中重建乡村经济共同体，进一步夯实党在乡村的执政基础。

（三）乡村振兴是扎实推动共同富裕的有效路径

乡村振兴与共同富裕在发展方向、发展理念、推进逻辑等多个方面具有内在一致性。乡村振兴既要更加充分地解放和发展生产力，也要更有效、更直接地回应人民群众关切、满足人民对美好生活的需要。

乡村振兴以缩小乡村与城镇的发展差距、农民与市民的收入差距为重要目标，与共同富裕的方向一致。无论是乡村振兴还是共同富裕，均强调在推进过程中坚持共享发展理念，通过先富带后富，最终实现共同发展和富裕，乡村振兴与共同富裕具有发展理念的一致性。我国幅员辽阔，各地地理条件、自然资源、发展基础的差异大，共同富裕是一个在动态中向前发展的过程，不可能一蹴而就。各地乡村发展条件、发展水平不同，各地实现全面乡村振兴也存在区域和时序上的不同，决定了乡村振兴与共同富裕存在推进逻辑的一致性。由此，乡村振兴与共同富裕存在较高程度的耦合度。

乡村振兴是破解共同富裕难点的有效路径。扎实推动共同富裕重点难点在"三农"。习近平总书记指出，促进共同富裕，最艰巨最繁重的任务仍然在农村。[①]为此，做好农业农村共同富裕工作是重中之重的任务。第一，以产业融合发展推动高质量乡村振兴，夯筑共同富裕经济基础。通过产业纵向融合，提高农业产业价值链增值能力，提升农业全要素生产率，促进产业提质增效；通过产业横向融合，促进农业与科技、文化、教育、环境、旅游等产业与领域之间的联系，拓展传统农业多样功能，拓展农业增效增收空间。第二，以数字乡村建设促进高质量乡村振兴，消除共同富裕数字鸿沟。通过数字乡村建设，为缩小城乡和区域间数字化差距提供关键技术支撑，为乡村地区跨越发展，走上和城镇地区共同发展、共同富裕道路提供重要保障。

以共同富裕引领乡村发展是推进高质量乡村振兴的必然要求。一方面，以城乡融合发展推动高质量乡村振兴。重点是促进城乡的经济结构、社会结构、空间结构等重点领域的融合，同步构建户籍制度、空间规划制度、集体土地制度等多方面的城乡融合制度体系，疏通梗阻，促进城乡融合发展。同时，大力推动城乡统一的土地市场加快形成，下大力气解决城乡公共资源配置失衡问题，拓宽农民增收渠道，缩小城乡居民收入差距。另一方面，以先富带后富促进乡村全面振兴。发挥先富群体引领带头作用，如，利用守望相助的凝聚力吸引更多的社会主义新乡贤参与乡村建设，搭建平台，创建激励机制，促进资金回流、企业回迁、信息回传、人才回乡，带动农民实现共同富裕。再如，支持家庭农场、农民合作社、龙头企业在产前、产中、产后各环节发挥自身优势，补齐小农户短板，提升生产经营水平和收益。发挥先富地区帮扶协同作用，主要是强化东西部协作，引导东部地区资金、人才、技术向西部欠发达

[①] 习近平：《扎实推动共同富裕》，《求是》2021年第20期。

地区流动，用好东西部两个具有互补性的市场，用好市场机制的作用，助推西部落后地区加快发展。

党的十九大报告明确了两个阶段的目标：一是到2035年，全体人民共同富裕迈出坚实步伐；二是到本世纪中叶，全体人民共同富裕基本实现。与共同富裕目标相对应，党中央明确提出：到2035年，乡村振兴取得决定性进展，农业农村现代化基本实现；到2050年，乡村全面振兴，农业强、农村美、农民富全面实现。可见，共同富裕是乡村振兴战略的目标，乡村振兴是实现共同富裕的过程，农业农村现代化是现代化强国的重要组成部分，是扎实推进共同富裕的根本支撑。

（四）乡村振兴是加快农业农村现代化、实现中国式现代化的必然要求

实施乡村振兴战略，推进农业农村现代化是全面建设社会主义现代化国家、实现中华民族伟大复兴的重要内容和底线任务，是中国式现代化的重要组成部分。"即便我国城镇化率达到百分之七十，农村仍将有四亿多人口。如果在现代化进程中把农村四亿多人落下，到头来'一边是繁荣的城市、一边是凋敝的农村'，这不符合我们党的执政宗旨，也不符合社会主义的本质要求。这样的现代化是不可能取得成功的！"[①]因此，乡村振兴是中国式现代化的最核心组成部分。没有农业农村现代化，就没有整个国家现代化。要举全党全社会之力推动乡村振兴，促进

---

① 中共中央党史和文献研究院编《习近平关于"三农"工作论述摘编》，中央文献出版社，2019，第44页。

农业高质高效、乡村宜居宜业、农民富裕富足。[①]以习近平总书记关于"三农"工作的重要论述和中国式现代化理论为指导,以农业高质高效发展推进农业现代化、以乡村宜居宜业建设为中心推进农村现代化、以农民富裕富足为目标推进农民现代化的发展目标、进程及路径,实际上就是中国式现代化的乡村振兴道路的综合呈现。

乡村振兴以农业高质高效发展加快农业现代化。一是乡村振兴守牢国家粮食安全底线。坚持最严格的耕地保护制度,严守耕地红线,严禁耕地非农化、防止耕地非粮化。加强重要农产品供给保障能力建设,提升粮、棉、油、糖、肉等收储调控能力。二是乡村振兴坚定不移推进农业供给侧结构性改革。推进粮经饲统筹、农林牧渔协调,积极发展设施农业,因地制宜发展林果业,推进农业绿色转型,全面提升农业质量效益水平。三是乡村振兴持续优化现代乡村产业体系。特别是推进县域、镇域产业的集聚,促进镇村联动发展,培育壮大乡村产业体系,打造农业全产业链,加快农村产业融合发展,纵向延伸产业链条,横向拓展农业产业功能,多向提升乡村价值。大力发展乡村新产业新业态,优化乡村休闲旅游业,培育乡村新型服务业,发展农村电子商务,推进农村创业创新,支持返乡入乡在乡创业,推进城市各类人才投身乡村产业发展,最终推动农业提质增效,加快农业现代化。

乡村振兴以乡村建设为抓手加快推进农村现代化。农村现代化是建设农业强国的内在要求和必要条件,建设宜居宜业和美乡村是农业强国的应有之义。要一体推进农业现代化和农村现代化,实现乡村由表及

---

① 《习近平在中央农村工作会议上强调 坚持把解决好"三农"问题作为全党工作重中之重 促进农业高质高效乡村宜居宜业农民富裕富足》,《人民日报》2020年12月30日,第01版。

里、形神兼备的全面提升。习近平总书记指出："在现代化进程中，城的比重上升，乡的比重下降，是客观规律，但在我国拥有十三亿多人口的国情下，不管工业化、城镇化进展到哪一步，农业都要发展，乡村都不会消亡，城乡将长期共生并存，这也是客观规律。"[1]因此要瞄准"农村基本具备现代生活条件"的目标，组织实施好乡村建设行动，特别是要加快防疫、养老、教育、医疗等方面的公共服务设施建设，提高乡村基础设施完备度、公共服务便利度、人居环境舒适度，让农民就地过上现代文明生活。大力实施乡村建设行动，加快推进农村现代化，总的是要牢固树立农业农村优先发展政策导向，以乡村振兴为农民而兴、乡村建设为农民而建为根本原则，把乡村建设摆在社会主义现代化建设的重要位置，加快推进乡村全面振兴。

乡村振兴以宜居宜业和美乡村建设为载体加快推进农民现代化。农业农村现代化归根到底是农民现代化，只有农民现代化才会有乡村的振兴。让广大农民平等参与现代化进程、共同分享现代化成果，是"以人民为中心"发展思想的具体体现。实现农民现代化是实现乡村振兴核心目标的关键。广大农民是"产业兴旺、生态宜居、乡风文明、治理有效、生活富裕"的建设者、见证者和享有者，农民现代化是实现农业农村两个现代化的根本和前提，全面推进乡村振兴就是要实现"三农"现代化。没有农民现代化，就没有真正意义上的农业农村现代化，就没有国家现代化。抓住了农民现代化就抓住了农业农村现代化的关键，就抓住了全面乡村振兴的根本，就抓住了农民全面发展的重点，就抓住了走共同富裕道路的核心。实现农民现代化是中国式现代化的重要内容。中

---

[1] 中共中央党史和文献研究院编《习近平关于"三农"工作论述摘编》，中央文献出版社，2019，第44页。

国式现代化本质上是以人民为中心的全面发展现代化，没有农民现代化就没有人的全面发展现代化，没有农民现代化就没有"五位一体"总体布局的现代化，没有农民现代化就不可能实现国家治理的现代化。乡村振兴坚持把增加农民收入作为"三农"工作的中心任务，千方百计拓宽农民增收致富渠道；把强化集体所有制根基、保障和实现农民集体成员权利同激活资源要素统一起来，搞好农村集体资源资产的权利分置和权能完善，让广大农民分享更多现代化成果。实现农民现代化是"以人民为中心"发展思想的具体体现。我国现在约有 5 亿人居住在农村。中国要富，农民必须富。通过健全基本公共服务体系，完善共建共治共享的社会治理制度，推动县域内城乡融合发展，持续缩小城乡区域发展差距，让低收入人口和欠发达地区共享发展成果，在现代化进程中不掉队、赶上来，扎实推动共同富裕，不断增强人民群众获得感、幸福感、安全感，促进农民的全面发展，实现全面现代化。

三、乡村振兴是应对国际不确定不稳定风险挑战的迫切需要

立足世界发展大势，顺应世界潮流，才能促进本国经济社会的发展。习近平总书记多次论述当今世界发展的基本态势和时代特征。世界百年未有之大变局的世情决定了我国发展的格局和方式方法。其中，大力实施乡村振兴战略就是在世情变化的背景下以习近平同志为核心的党中央作出的重大战略部署。习近平总书记对世界处于百年未有之大变局的科学论断，深刻揭示了当今世界的重大特征和深刻内涵，表明了新时代实施乡村振兴战略的必要性和紧迫性。

全面推进乡村振兴是由当今世界国际形势不断发生广泛而深刻变化、世界正经历百年未有之大变局的世情所决定的。一方面,从整个世界面临的一般形势来看,当今世界面临的不稳定性不确定性突出,"黑天鹅事件"和"灰犀牛事件"时有发生。这就带来许多风险和挑战,要求我国必须做好自己的事情才能更好地应对这些风险和挑战。而我国发展中存在的突出问题和短板就是"三农"问题,如果不能很好解决,就会影响我国整体发展,也就难以更好地集中全国力量来对付不确定的各种风险和挑战。这就要求大力实施乡村振兴以解决"三农"问题。另一方面,从国际形势来看,当今世界上依然有个别发达国家逆世界历史发展潮流而行,肆意插手他国内政,对世界和平稳定发展尤其对我国发展构成一些明显的障碍、危险和挑战。如针对中国发动贸易战等,将对我国粮食进口乃至粮食安全产生很大不良影响,不利于"三农"问题的早日解决。中国作为世界第一人口大国,人多地少的矛盾将长期存在,"三农"问题依然严重,需要进口大量粮食和油料。根据测算,中国的耕地资源只能满足国内 2/3 的粮食和油料需求。也就是说,中国需求的粮食和油料 1/3 都需要进口,特别是大豆基本上靠进口。在人多地少的矛盾约束下,中国粮食和油料大量需要靠进口的现状表明,在世界百年未有之大变局背景下,国际局势动荡不定将会给我国的粮食和油料进口带来许多变数,我国的粮食安全形势严峻。不仅如此,粮食问题牵一发而动全身。民以食为天,粮食问题是关系我国发展的基本问题。粮食问题不仅涉及中国人的饭碗问题,而且关系着党和国家的长治久安、人民的幸福安康。为此,习近平总书记多次强调指出,中国人的饭碗任何时候都要牢牢端在自己手上。而要端牢中国人自己的饭碗,在世界百年未有之大变局背景下,只靠国际进口是靠不住的。我们必须大力发展农业生产，才能确保我国的粮食安全。像粮食安全等这样一些问题，都涉及我国发展的"软肋"，即"三农"问题。粮食问题的有效解决有赖于"三农"问题的解决。

全面推进乡村振兴是在复杂国际背景下确保我国的粮食安全及其他方面安全的重要手段。这是我国在国际舞台站稳脚跟的必然选择，也是我国实现农业强国的迫切要求。正是在此国际背景下，习近平总书记明确提出要全面推进乡村振兴，从而有效确保我国的粮食安全，也能够很好地应对当今世界百年未有之大变局对我国"三农"发展带来的各种风险与考验。

总之，全面推进乡村振兴，对于确保经济持续健康发展和社会大局稳定、推进实现第二个百年奋斗目标具有重要作用。现阶段，我国最大的发展不平衡是城乡发展不平衡，最大的不充分是农村发展不充分。坚持农业农村优先发展，实施乡村振兴战略，是系统解决经济结构性体制性矛盾、发展不平衡不充分不协调不可持续问题的必然选择，是实现共同富裕、全面建设社会主义现代化国家的必由之路。全面推进乡村振兴，有利于整体提升农业、农村和农民的发展水平，有利于从根本上实现城乡均衡发展、农业充分发展、农民全面发展，有利于促进共同富裕目标的实现。

第二章

全面推进乡村振兴的理论指引

理论源自实践，又指引实践。科学理论的产生并非空洞无根基的，而是有其实践基础的；科学理论既指引当前的实践，又指引未来的发展方向与发展进程。乡村振兴是历史性任务，在以中国式现代化全面推进中华民族伟大复兴的历史进程中，面对世界百年未有之大变局，全面推进乡村振兴的复杂性、艰巨性加剧，唯有在科学理论的指引下，才能沿着正确方向，实现乡村全面振兴。

习近平总书记在陕西省延川县梁家河村、河北省正定县、福建省、浙江省、上海市等地工作和主政的丰富历练，形成了他对"三农"的深厚情怀。他主持的解决好"三农"问题、推进乡村建设的创新性探索与实践，奠定了全面推进乡村振兴的经验基础。习近平总书记在河北正定时，提出要摆脱"小农业"思想，走农林牧副渔全面发展和农工商综合经营的道路。[1] 在福建工作期间，在农业发展问题上，习近平总书记指出："大农业是朝着多功能、开放式、综合性方向发展的立体农业。"[2] 在浙江省担任省委书记期间，他提出了许多关于"三农"发展、脱贫开发、生态文明建设等重要论述和思想。

习近平总书记始终关注乡村建设发展问题，对乡村建设发展进行

---

[1] 习近平：《知之深 爱之切》，河北人民出版社，2015，第140—141页。

[2] 习近平：《摆脱贫困》，福建人民出版社，1992，第178页。

深入思考，提出了一系列新思想新论断，关于"三农"工作重要论述的理论体系逐步成熟，为全面推进乡村振兴提供了理论指导和价值遵循。他领导人类发展史上规模最大的脱贫攻坚战，完成了消除绝对贫困的艰巨任务，历史性地解决了困扰中华民族几千年的绝对贫困问题。同时，加快推进农业现代化建设，强调以创新推进农业升级转型，以协调推进农业均衡发展，以绿色理念推进乡村可持续发展，以开放推进农业对外合作，以共享促进农民共同富裕；部署建设美丽乡村，推进生态文明建设与美丽中国建设结合，改善农村生态环境、改善农村百姓生活、提升乡村建设水平；提出田园综合体建设，鼓励发展乡村旅游；要求健全"三治融合"乡村治理体系，指出村民自治是"三治融合"的核心，法治是"三治融合"的根本保障，德治是"三治融合"的坚实基础。

新时代的伟大变革证明，习近平总书记关于"三农"工作的重要论述是一个全面系统、逻辑严密、博大精深、动态发展的科学理论体系，深刻回答了为什么要振兴乡村、怎样振兴乡村等一系列重大理论和实践问题，是新发展理念在农业农村工作中的全面贯彻，是中国特色社会主义道路在农村的创新实践，是党领导"三农"工作百年实践探索的新发展新总结，是习近平新时代中国特色社会主义思想的重要组成部分，为新时代新征程做好"三农"工作提供了根本遵循，为全面推进乡村振兴提供了理论指引。全面推进乡村振兴，必须深刻领会、准确把握这套理论体系。

一、全面推进乡村振兴理论的理论基础和丰富内涵

任何科学理论都不是凭空产生的，任何科学理论都有丰富的、逻

辑严密的内容体系。理解全面推进乡村振兴理论的来源和丰富内涵，是准确把握及运用这一科学理论的基础和前提。

（一）全面推进乡村振兴理论的基础和来源

追溯全面推进乡村振兴的理论基础，主要有三个方面：基于马克思主义关于城乡发展的思想，来源于对中华优秀传统农耕文化的创造性转化和创新性发展，承续于中国共产党的乡村建设理论。

1. 马克思主义关于城乡发展的思想为全面推进乡村振兴提供了理论基础

一是关于农村基础地位的思想。马克思和恩格斯认为，人类获得生存和发展的首要前提是获得最基本的生活资料——食物，"食物的生产是直接生产者的生存和一切生产的首要的条件"[1]，"人们首先必须吃、喝、住、穿，然后才能从事政治、科学、艺术、宗教等等"[2]。"人们为了能够'创造历史'，必须能够生活。但是为了生活，首先就需要吃喝住穿以及其他一些东西。因此第一个历史活动就是生产满足这些需要的资料，即生产物质生活本身。"[3]列宁也指出，"粮食问题是一切问题的基础"，只有解决了粮食问题，"我们才能在这个社会主义的基

---

[1] 中共中央马克思恩格斯列宁斯大林著作编译局编译《马克思恩格斯文集》第7卷，人民出版社，2009，第715页。

[2] 中共中央马克思恩格斯列宁斯大林著作编译局编译《马克思恩格斯选集》第3卷，人民出版社，2012，第1002页。

[3] 中共中央马克思恩格斯列宁斯大林著作编译局编译《马克思恩格斯选集》第1卷，人民出版社，2012，第158页。

础上建立起富丽堂皇的社会主义大厦来"①。马克思和恩格斯认为,随着农业生产效率大幅度提高,农业的经济地位明显下降。但是这并不意味着农业失去了基础性地位,相反,随着工业规模日益扩大,城市人口越来越多,农村及农业为整个国家经济和社会的发展提供着赖以生存的生产和生活资料。恩格斯在《家庭、私有制和国家的起源》中指出:"农业是整个古代世界的决定性的生产部门,现在它更是这样了。"②

二是关于城乡融合发展的思想。马克思和恩格斯认为,生产力决定生产关系,生产力在推动人类社会历史不断向前发展的同时,也决定着城乡关系的产生、发展和变化过程。马克思指出:"一个民族内部的分工,首先引起工商业劳动同农业劳动的分离,从而也引起城乡的分离和城乡利益的对立。"③随着生产力的发展和社会文明的进步,现代化大工业城市迅速崛起,城市与乡村之间的鸿沟日益扩大。但马克思和恩格斯认为,"城乡之间的对立只有在私有制的范围内才能存在"④,资本主义工业化和城镇化的结果是,"城市已经表明了人口、生产工具、资本、享受和需求的集中这个事实;而在乡村则是完全相反的情况:隔

---

① 中共中央马克思恩格斯列宁斯大林著作编译局编译《列宁全集》第37卷,人民出版社,2017,第353页。

② 中共中央马克思恩格斯列宁斯大林著作编译局编译《马克思恩格斯文集》第4卷,人民出版社,2009,第168页。

③ 中共中央马克思恩格斯列宁斯大林著作编译局编译《马克思恩格斯选集》第1卷,人民出版社,2012,第147—148页。

④ 中共中央马克思恩格斯列宁斯大林著作编译局编译《马克思恩格斯文集》第1卷,人民出版社,2009,第556页。

绝和分散"①。可见，城乡之间的分离和对立是封建社会私有制和资本主义私有制发展的必然结果，"私有制"和"社会分工"的存在必然导致城乡差别的出现和城乡的对立。马克思和恩格斯认为，城乡关系的产生和发展都是由生产力发展水平决定的。实现城乡融合发展需要满足两个条件：一是消灭资本主义私有制，破除城乡对立的社会条件和制度根源；二是社会生产力的高度发展。在此基础上，马克思和恩格斯指出："把农业和工业结合起来，促使城乡对立逐步消灭。"②

三是关于城乡融合发展最终指向是人的自由全面发展的思想。马克思和恩格斯认为，人的发展程度与城乡关系的发展程度有着必然的联系，只有随着社会生产力的高度发展，城乡从对立走向融合的同时，个人自由全面发展才会实现。马克思和恩格斯指出，"人们只有在消除城乡对立后才能从他们以往历史所铸造的枷锁中完全解放出来"③，"通过城乡的融合，使社会全体成员的才能得到全面发展"④。马克思和恩格斯还进一步阐释了人与自然关系的发展演变：随着城乡融合发展不断推进，人不再被区分为城市居民和农村居民，所有的人口以及工业和农业等一切生产部门都将按照自身发展的需要在世界范围内均衡地分布。人与自然的关系将超越统治与被统治、支配与被支配的关系，实现和谐

---

① 中共中央马克思恩格斯列宁斯大林著作编译局编译《马克思恩格斯文集》第1卷，人民出版社，2009，第556页。

② 中共中央马克思恩格斯列宁斯大林著作编译局编译《马克思恩格斯选集》第1卷，人民出版社，2012，第422页。

③ 中共中央马克思恩格斯列宁斯大林著作编译局编译《马克思恩格斯选集》第3卷，人民出版社，2012，第265页。

④ 中共中央马克思恩格斯列宁斯大林著作编译局编译《马克思恩格斯选集》第1卷，人民出版社，2012，第308—309页。

共生和共同发展。

2. 中华优秀传统农耕文化为全面推进乡村振兴提供了理论支撑

首先，中国几千年的乡土社会，生产和生活方式以聚族而居和精耕细作为典型特征，中国传统社会基于人与自然、人与人及人与社会之间关系所形成的乡村文化，蕴含的优秀文化品格不仅孕育出农民的精神家园，也塑造了中华民族的精神世界和心灵归宿。"乡土文化的根不能断，农村不能成为荒芜的农村、留守的农村、记忆中的故园"，要"深入挖掘优秀传统农耕文化蕴含的思想观念、人文精神、道德规范"[①]。习近平总书记的这些重要论述，说明丰富的乡村文化遗产是中华民族代代传承的文化记忆，是农耕文明的重要组成部分。"我们要深入挖掘、继承、创新优秀传统乡土文化。要让有形的乡村文化留得住，充分挖掘具有农耕特质、民族特色、地域特点的物质文化遗产"[②]，这就把我国农耕文明的优秀遗产与现代文明要素结合起来，赋予其新的时代内涵。此外，中国乡村数千年的村落文化累积孕育形成了许多优秀的风俗礼仪和文化传统，这些优秀的乡风礼俗文化所包含的伦理道德、价值追求、处世态度、行为规范等不仅是乡村文化价值理念的体现，更是几千年来乡村社会得以良性运转与和谐发展的文化基础，如同习近平总书记指出的那样："优秀乡村文化能够提振农村精气神，增强农民凝聚力，孕育社会好风尚。乡村振兴，既要塑形，也要铸魂，要形成文明乡风、良好

---

① 中共中央党史和文献研究院编《习近平关于"三农"工作论述摘编》，中央文献出版社，2019，第121—122、125页。
② 中共中央党史和文献研究院编《习近平关于"三农"工作论述摘编》，中央文献出版社，2019，第124页。

家风、淳朴民风，焕发文明新气象。"①

其次，中国数千年来形成的乡村治理中的自治、法治、德治等基本要素，以及乡村治理中一直传承的优秀乡约、乡贤文化，为健全我国当代乡村治理体系提供了借鉴。"健全自治、法治、德治相结合的乡村治理体系，是实现乡村善治的有效途径"②，是对中国古代乡村治理优秀文化的创造性转化和创新性发展。具体来说，"乡约"作为一种显性规约为乡村自治奠定了基础；"培育富有地方特色和时代精神的新乡贤文化，发挥其在乡村治理中的积极作用"③等论述，是对传统乡村"礼治"和"德治"的新时代转化和发展；"法治是乡村治理的前提和保障，要把政府各项涉农工作纳入法治化轨道，加强农村法治宣传教育，完善农村法治服务，引导干部群众尊法学法守法用法，依法表达诉求、解决纠纷、维护权益"④。因此，中国现代法治是在新的历史条件下对传统社会"乡约"与"礼治"的创造性转化，为促进乡村治理体系和治理能力的现代化提供了支撑。此外，中国传统农耕文化中蕴含的农事节气、大道自然、天人合一等生态伦理，为全面推进乡村振兴提供了重要的历史基础和文化基因。比如"推行绿色发展方式和生活方式，让生态美起来、环境靓

---

① 中共中央党史和文献研究院编《习近平关于"三农"工作论述摘编》，中央文献出版社，2019，第123页。
② 中共中央党史和文献研究院编《习近平关于"三农"工作论述摘编》，中央文献出版社，2019，第135页。
③ 习近平：《论坚持全面深化改革》，中央文献出版社，2018，第408—409页。
④ 中央党史和文献研究院编《习近平关于"三农"工作论述摘编》，中央文献出版社，2019，第136页。

起来，再现山清水秀、天蓝地绿、村美人和的美丽画卷"①，如此等等，都是传统社会人与自然和谐相处的生产生活方式的新时代发展。

3. 继承和发展党的历届领导人关于乡村建设的思想理论

毛泽东指出："农民问题，就成了中国革命的基本问题，农民的力量，是中国革命的主要力量。"② 中华人民共和国成立后，毛泽东多次指出组织农民走集体化道路是解决农民共同富裕问题的唯一途径，从而指明了中国农村必须走社会主义现代化道路，走全体人民共同富裕的道路。毛泽东还重视农村现代化，指出："必须实行工业与农业同时并举，逐步建立现代化的工业和现代化的农业。过去我们经常讲把我国建成一个工业国，其实也包括了农业的现代化。"③

邓小平提出了"两个飞跃"、发展多种经营、尊重农民主体地位等重要思想。他指出："中国社会主义农业的改革和发展，从长远的观点看，要有两个飞跃。第一个飞跃，是废除人民公社，实行家庭联产承包为主的责任制。这是一个很大的前进，要长期坚持不变。第二个飞跃，是适应科学种田和生产社会化的需要，发展适度规模经营，发展集体经济。这是又一个很大的前进，当然这是很长的过程。"④ "这些年来搞改革的一条经验，就是首先调动农民的积极性，把生产经营的自主权力下放给农民。"⑤

---

① 中共中央党史和文献研究院编《习近平关于"三农"工作论述摘编》，中央文献出版社，2019，第111页。
② 毛泽东：《毛泽东选集》第2卷，人民出版社，1991，第692页。
③ 中共中央文献研究室编《毛泽东文集》第7卷，人民出版社，1999，第310页。
④ 邓小平：《邓小平文选》第3卷，人民出版社，1993，第355页。
⑤ 邓小平：《邓小平文选》第3卷，人民出版社，1993，第180页。

党的十八大以来，习近平总书记提出把"产业兴旺、生态宜居、乡风文明、治理有效、生活富裕"作为乡村振兴的总要求，提出关于促进城乡融合发展、促进人的全面发展和全体人民共同富裕等重要论述，将乡村振兴提到新时代党的理论创新的战略高度，提到中华民族伟大复兴的历史进程和发展方向的新高度。

（二）全面推进乡村振兴理论的丰富内涵

习近平总书记关于"三农"工作的重要论述，思想深邃、内涵丰富、逻辑严密，深刻回答了全面推进乡村振兴的一系列重大理论和实践问题，形成了系统完备的科学理论体系。这一科学理论体系，创新了新时代党的"三农"工作理论，总结了新时代"三农"工作取得的历史性成就和发生的历史性变革，阐述了做好新发展阶段"三农"工作的重大战略意义，论述了新发展阶段"三农"工作重心的历史性转移，作出了把中国人的饭碗牢牢端在自己手中的重大论断，提出了做好乡村振兴战略这篇大文章的根本遵循，明确了提高党领导"三农"工作的能力和水平的具体要求。这一科学理论体系，是我们党"三农"工作理论创新的最新成果，是习近平新时代中国特色社会主义思想的重要组成部分，是新时代做好"三农"工作的行动指南和根本遵循。

全面推进乡村振兴理论的丰富内涵，可以从以下方面把握：

一是实施乡村振兴战略是决胜全面建成小康社会、全面建设社会主义现代化国家的重大历史任务，这是对全面推进乡村振兴的战略定位。习近平总书记指出："实施乡村振兴战略，是党的十九大作出的重大决策部署，是决胜全面建成小康社会、全面建设社会主义现代化国家的重大历史任务，是新时代做好'三农'工作的总抓手。"①这是习近平总书记从全面建设社会主义现代化国家的战略高度对乡村振兴的定位。乡村振兴作为一项国家重大战略，关系到党和国家的持续稳定发展，关系到国家现代化建设进程，关系到中华民族伟大复兴大业，全面推进乡村振兴必须在历史进程中把握好乡村振兴的战略定位和新的历史方位，提高各个方面的自觉性主动性。

二是加强党对乡村振兴工作的领导，这是全面推进乡村振兴的根本保障。习近平总书记指出："全面建设社会主义现代化国家、全面推进中华民族伟大复兴，关键在党"②，"办好农村的事情，实现乡村振兴，关键在党"③。要"加强党对'三农'工作的全面领导"，"各级党委要扛起政治责任，落实农业农村优先发展的方针，以更大力度推动乡村振兴。特别是县委书记要把主要精力放在'三农'工作上，当好乡村振兴的'一线总指挥'"。要"选优配强乡镇领导班子、村'两委'成员特别是村党组织书记。要突出抓基层、强基础、固基本的工作导向，推动各类资源向基层下沉，为基层干事创业创造更好条件"④。习近平总书记的重要论述表明，深入实施乡村振兴战略，必须加强和改善党对"三农"工作的集中统一领导，充分发挥党在把方向、谋大局、定政策、促

---

① 中共中央党史和文献研究院编《十九大以来重要文献选编》（上），中央文献出版社，2019，第157页。

② 习近平：《高举中国特色社会主义伟大旗帜 为全面建设社会主义现代化国家而团结奋斗——在中国共产党第二十次全国代表大会上的报告》，人民出版社，2022，第63页。

③ 中共中央党史和文献研究院编《习近平关于"三农"工作论述摘编》，中央文献出版社，2019，第190页。

④ 习近平：《论"三农"工作》，中央文献出版社，2022，第17—18页。

改革的主心骨作用，关键是要提高党全面领导新时代"三农"工作的能力和水平，具体体现为广大各级领导干部、驻村帮扶工作队干部、乡村干部等领导和推动乡村振兴工作的能力和水平，体现在抓党建促乡村振兴工作效果上。

三是加快推进农业现代化，这是全面推进乡村振兴的目标要求。习近平总书记指出："要抓住实施乡村振兴战略的重大机遇，坚持农业农村优先发展，夯实农业基础地位，深化农村改革。要加快高标准农田建设，强化农业科技和装备支撑，深化农业供给侧结构性改革，加快发展绿色农业，推进农村三产融合。"[1]"要发展现代农业，确保国家粮食安全，调整优化农业结构，加快构建现代农业产业体系、生产体系、经营体系，推进农业由增产导向转向提质导向，提高农业创新力、竞争力、全要素生产率，提高农业质量、效益、整体素质。"[2]这些重要论述表明，没有农业现代化、没有农村繁荣富强，就没有农民安居乐业，国家的现代化也将是不完整、不全面、不牢固的。因此，农业现代化是乡村振兴的重要任务和重要目标，实现农业现代化必须多措并举、多途径并行，走中国特色农业现代化道路。

四是发展壮大乡村产业，这是全面推进乡村振兴的重要支柱。习近平总书记指出："要推动乡村产业振兴，紧紧围绕发展现代农业，围绕农村一二三产业融合发展，构建乡村产业体系，实现产业兴旺，把产业发展落到促进农民增收上来，全力以赴消除农村贫困，推动乡村生活

---

[1] 《习近平在吉林考察时强调 坚持新发展理念深入实施东北振兴战略 加快推动新时代吉林全面振兴全方位振兴》，《人民日报》2020年07月25日，第01版。
[2] 中共中央党史和文献研究院编《习近平关于"三农"工作论述摘编》，中央文献出版社，2019，第100页。

富裕。"①"乡村振兴，关键是产业要振兴。要鼓励和扶持农民群众立足本地资源发展特色农业、乡村旅游、庭院经济，多渠道增加农民收入。"②"依托丰富的红色文化资源和绿色生态资源发展乡村旅游，搞活了农村经济，是振兴乡村的好做法。"③习近平总书记的系列重要论述表明，发展壮大乡村产业是乡村发展的核心，只有乡村产业发展壮大，实现产业兴旺，乡村才能真正实现发展、实现振兴。

五是强化乡村振兴人才支撑，这是全面推进乡村振兴的基础。习近平总书记指出："要推动乡村人才振兴，把人力资本开发放在首要位置，强化乡村振兴人才支撑，加快培育新型农业经营主体，让愿意留在乡村、建设家乡的人留得安心，让愿意上山下乡、回报乡村的人更有信心，激励各类人才在农村广阔天地大施所能、大展才华、大显身手，打造一支强大的乡村振兴人才队伍，在乡村形成人才、土地、资金、产业汇聚的良性循环。"④"要积极培养本土人才，鼓励外出能人返乡创业，鼓励大学生村官扎根基层，为乡村振兴提供人才保障。"⑤"人才振兴是乡村振兴的基础，要创新乡村人才工作体制机制，充分激发乡村现有

---

① 中共中央党史和文献研究院编《习近平关于"三农"工作论述摘编》，中央文献出版社，2019，第149—150页。

② 中共中央党史和文献研究院编《习近平关于"三农"工作论述摘编》，中央文献出版社，2019，第150页。

③ 《习近平在河南考察时强调 坚定信心埋头苦干奋勇争先 谱写新时代中原更加出彩的绚丽篇章》，《人民日报》2019年09月19日，第01版。

④ 中共中央党史和文献研究院编《习近平关于"三农"工作论述摘编》，中央文献出版社，2019，第150页。

⑤ 《习近平在山东考察时强调 切实把新发展理念落到实处 不断增强经济社会发展创新力》，《人民日报》2018年06月15日，第01版。

人才活力，把更多城市人才引向乡村创新创业。"[1]习近平总书记的系列重要论述表明，人才是乡村振兴的第一资源，人才振兴是乡村振兴整体布局中的关键，要通过培养人才队伍，创新乡村人才工作体制机制，为乡村振兴奠定坚实的人才基础和保障。

六是走乡村文化兴盛之路，焕发乡村文明新气象，这是全面推进乡村振兴的深层任务。习近平总书记指出："农村精神文明建设很重要，物质变精神、精神变物质是辩证法的观点，实施乡村振兴战略要物质文明和精神文明一起抓，特别要注重提升农民精神风貌。"[2]"乡村振兴，既要塑形，也要铸魂"[3]，"要推动乡村文化振兴，加强农村思想道德建设和公共文化建设，以社会主义核心价值观为引领，深入挖掘优秀传统农耕文化蕴含的思想观念、人文精神、道德规范，培育挖掘乡土文化人才，弘扬主旋律和社会正气，培育文明乡风、良好家风、淳朴民风，改善农民精神风貌，提高乡村社会文明程度，焕发乡村文明新气象"[4]。围绕乡村文化振兴，习近平总书记多次强调，要加强农村思想道德建设和公共文化建设，培育文明、传承乡风、弘扬优秀传统文化，着力提高乡村社会的文明程度，焕发乡村文明新气象。

七是建设生态宜居和美乡村，这是全面推进乡村振兴的内在要求。习近平总书记指出："要推动乡村生态振兴，坚持绿色发展，加强农村

---

[1] 习近平：《论"三农"工作》，中央文献出版社，2022，第280—281页。
[2] 中共中央党史和文献研究院编《习近平关于"三农"工作论述摘编》，中央文献出版社，2019，第122页。
[3] 中共中央党史和文献研究院编《习近平关于"三农"工作论述摘编》，中央文献出版社，2019，第123页。
[4] 中共中央党史和文献研究院编《习近平关于"三农"工作论述摘编》，中央文献出版社，2019，第125—126页。

突出环境问题综合治理，扎实实施农村人居环境整治三年行动计划，推进农村'厕所革命'，完善农村生活设施，打造农民安居乐业的美丽家园，让良好生态成为乡村振兴支撑点。"①"要以实施乡村建设行动为抓手，改善农村人居环境，建设宜居宜业美丽乡村。"②"统筹乡村基础设施和公共服务布局，建设宜居宜业和美乡村。"③习近平总书记的系列重要论述强调"环境美，则乡村美；生态兴，则乡村兴"，明确要求开展农村人居环境整治行动、完善农村公共基础设施、解决农村突出生态环境问题，改进和完善乡村治理体系，建设美丽生态宜居和美乡村。

八是加强农村基层党组织建设，这是全面推进乡村振兴的政治组织基础。习近平总书记指出："要推动乡村组织振兴，打造千千万万个坚强的农村基层党组织，培养千千万万名优秀的农村基层党组织书记，深化村民自治实践，发展农民合作经济组织。"④"要加强和改进党对农村基层工作的全面领导，提高农村基层组织建设质量，为乡村全面振兴提供坚强政治和组织保证。"⑤习近平总书记的一系列重要论述，深刻阐述了乡村治理中基层党组织的核心地位和作用，农村基层党组织是

---

① 中共中央党史和文献研究院编《习近平关于"三农"工作论述摘编》，中央文献出版社，2019，第115页。

② 《习近平在福建考察时强调 在服务和融入新发展格局上展现更大作为 奋力谱写全面建设社会主义现代化国家福建篇章》，《人民日报》2021年03月26日，第01版。

③ 习近平：《高举中国特色社会主义伟大旗帜 为全面建设社会主义现代化国家而团结奋斗——在中国共产党第二十次全国代表大会上的报告》，人民出版社，2022，第31页。

④ 中共中央党史和文献研究院编《习近平关于"三农"工作论述摘编》，中央文献出版社，2019，第193页。

⑤ 习近平：《在基层代表座谈会上的讲话》，人民出版社，2020，第7页。

实现乡村振兴战略的"主心骨"。在接续推进乡村振兴战略中，一定要重视基层组织的作用，切实加强基层党组织建设，提高基层党组织的政治素质和战斗力，为全面推进乡村振兴提供组织保障。

九是健全乡村治理体系，加快推进乡村治理体系和治理能力现代化，这是全面推进乡村振兴的关键。习近平总书记指出："建立健全党委领导、政府负责、社会协同、公众参与、法治保障的现代乡村社会治理体制，确保乡村社会充满活力、安定有序。"[1]"要在实行自治和法治的同时，注重发挥好德治的作用，推动礼仪之邦、优秀传统文化和法治社会建设相辅相成。"[2]"加强法治乡村建设是实施乡村振兴战略、推进全面依法治国的基础性工作。"[3] 习近平总书记在党的十九大报告中明确要求，要加强农村基层基础工作，健全自治、法治、德治相结合的乡村治理体系。因此，乡村振兴要实现"治理有效"的目标，就必须坚持法治为纲、德治为魂、自治为本，不断推进乡村治理能力和水平现代化。

十是保障和改善农村民生，这是全面推进乡村振兴的兜底性要求。习近平总书记指出："重视农村'三留守'问题，搞好农村民生保障和改善工作。……要抓紧完善相关政策措施，健全农村留守儿童、留守妇女、留守老年人关爱服务体系，围绕留守人员基本生活保障、教育、就业、

---

[1] 中共中央党史和文献研究院编《习近平关于"三农"工作论述摘编》，中央文献出版社，2019，第193页。

[2] 习近平：《把乡村振兴战略作为新时代"三农"工作总抓手》，《求是》2019年第11期。

[3] 习近平：《推进全面依法治国，发挥法治在国家治理体系和治理能力现代化中的积极作用》，《求是》2020年第22期。

卫生健康、思想情感等实施有效服务。"①"农业农村工作，说一千、道一万，增加农民收入是关键。要加快构建促进农民持续较快增收的长效政策机制，让广大农民都尽快富裕起来。"②习近平总书记这一系列重要论述，深刻阐述了人民群众是社会历史主体的基本原理和发展规律。乡村振兴就是要实现广大农民对美好生活的向往。为此，要增加农民收入，加强农村基础设施建设，完善农村医疗社会保障制度，不断搞好农村民生保障和改善工作。

十一是建立健全城乡融合发展体制机制和政策体系，这是全面推进乡村振兴的根本途径。习近平总书记指出："要把乡村振兴战略这篇大文章做好，必须走城乡融合发展之路。我们一开始就没有提城市化，而是提城镇化，目的就是促进城乡融合。要向改革要动力，加快建立健全城乡融合发展体制机制和政策体系。"③"要构建新型城乡关系，建立健全城乡融合发展体制机制和政策体系，促进城乡协调发展、融合发展。"④习近平总书记的重要论述表明，改革创新、推动城乡融合发展对于乡村振兴具有重要作用。城镇和乡村是互促互进、共生共存的，能否处理好城乡关系，关乎社会主义现代化建设全局。推进乡村振兴战略、

---

① 中共中央文献研究室编《十八大以来重要文献选编》（上），中央文献出版社，2014，第681页。
② 中共中央党史和文献研究院编《习近平关于"三农"工作论述摘编》，中央文献出版社，2019，第150—151页。
③ 习近平：《论"三农"工作》，中央文献出版社，2022，第279页。
④ 《习近平在江西考察并主持召开推动中部地区崛起工作座谈会时强调 贯彻新发展理念推动高质量发展 奋力开创中部地区崛起新局面》，《人民日报》2019年05月23日，第01版。

构建新型城乡关系、缩小城乡差距、实现城乡一体化发展，必须建立健全城乡融合发展体制机制和政策体系。理解乡村振兴，不仅要深刻理解"五大振兴"的目标任务、推进要求，也要同时理解健全城乡融合发展的体制机制和政策体系的重要论断。

二、全面推进乡村振兴理论的精神特质和理论品格

习近平总书记关于全面推进乡村振兴重要论述以其深厚的理论渊源、科学的理论体系及一系列创新的理论观点，深化了党对新发展阶段"三农"工作的规律性认识，丰富发展了新时代党的农村工作理论，具有深刻的精神特质，呈现出鲜明的中国化时代化的马克思主义理论品格。

（一）全面推进乡村振兴理论的精神特质

一是科学印证了马克思、恩格斯城乡融合发展的思想蓝图。比如生产力发展是城乡融合发展的物质基础，坚持公有制是城乡融合发展的制度前提，城乡良性互动是城乡融合发展的表现形态，人的自由全面发展是城乡融合发展的终极目标等。

二是充分彰显了实现共同富裕的本质要求。比如共同富裕的全民性、全面性、共建性、阶段性、共享性等。

三是鲜明体现了中国共产党坚持人民至上的价值立场。一切为了农民、一切依靠农民是"三农"工作的价值起点；坚持以人民为中心的发展思想是"三农"工作的价值遵循；调动广大农民积极性、主动性、创造性是"三农"工作的价值动力；提高广大农民获得感、幸福感、安全感是"三农"工作的价值追求。乡村振兴为农民而兴，乡村建设为农

民而建。

四是充分体现了中国式现代化的内涵特征。中国特色社会主义乡村振兴道路，就是立足于人口规模巨大的基本国情，以实现全体人民共同富裕为目标，坚持促进物质文明和精神文明协调发展，坚持打造人与自然和谐共生的发展格局，坚持践行走和平发展道路的农业农村现代化。

（二）全面推进乡村振兴理论的理论品格

全面推进乡村振兴理论具有鲜明的政治性。体现在：第一，坚持中国共产党领导是全面推进乡村振兴的根本特征。"办好农村的事情，实现乡村振兴，关键在党。必须提高党把方向、谋大局、定政策、促改革的能力和定力，确保党始终总揽全局、协调各方，提高新时代党全面领导农村工作能力和水平。"[1]"全面推进乡村振兴，必须健全党领导农村工作的组织体系、制度体系、工作机制。"[2]习近平总书记的这些重要论述，是"中国式现代化，是中国共产党领导的社会主义现代化"[3]的具体体现，继承和发扬党管农村工作的优良传统，深刻阐述了党在乡村振兴中的领导地位，为加强党对乡村振兴的领导指明了方向、提出了明确要求，体现了全面推进乡村振兴的政治品格。第二，以党的政治建设为统领是全面推进乡村振兴的重要保障。一是着力完善党领导"三农"工作体制机制。各级党委和政府坚持工业农业一起抓，并把农业农村优

---

[1] 习近平：《论"三农"工作》，中央文献出版社，2022，第261页。
[2] 习近平：《论"三农"工作》，中央文献出版社，2022，第17页。
[3] 习近平：《高举中国特色社会主义伟大旗帜 为全面建设社会主义现代化国家而团结奋斗——在中国共产党第二十次全国代表大会上的报告》，人民出版社，2022，第22页。

先发展要求落到实处，在干部配备上优先考虑，在要素配置上优先满足，在公共服务上优先安排。党委全面统一领导、政府负责、党委农村工作部门统筹协调的农村工作领导体制不断健全。二是实行中央统筹、省负总责、市县抓落实的工作机制。党委和政府一把手是第一责任人，五级书记抓乡村振兴。县委书记是乡村振兴"一线总指挥"，把主要精力放在"三农"工作上。各相关单位结合自身职能，明确工作思路，细化政策举措，主动作为，齐抓共管的工作合力不断强化。三是切实加强党的农村基层组织建设。乡村振兴各项政策，最终要靠农村基层党组织来落实。"加强农村基层组织建设，建立健全党委领导、政府负责、民主协商、社会协同、公众参与、法治保障、科技支撑的现代乡村社会治理体制和党组织领导的自治、法治、德治相结合的乡村治理体系。"[1] 把农村基层党组织建设成为宣传党的主张、贯彻党的决定、领导基层治理、团结动员群众、推动改革发展的坚强战斗堡垒。四是建设一支政治过硬、本领过硬、作风过硬的乡村振兴干部队伍。选派优秀干部到乡村振兴一线岗位，把乡村振兴作为培养锻炼干部的广阔舞台，对在艰苦地区、关键岗位工作表现突出的干部优先重用，形成人才向农村一线流动的用人导向。五是把全面从严治党要求贯彻落实到乡村振兴各方面各环节。抓党建促乡村振兴，推进以党建引领基层治理，持续整顿软弱涣散的基层党组织，并持续深化纠治"四风"，重点纠治形式主义、官僚主义同高质量乡村振兴结合起来，把出现问题深化整改整治、推进作风建设常态化长效化贯穿乡村振兴全过程。

---

[1] 《中办国办印发〈乡村振兴责任制实施办法〉》，《人民日报》2022年12月14日，第01版。

全面推进乡村振兴理论具有突出的人民性。集中体现在：第一，全面推进乡村振兴必须充分体现以人民为中心的发展观。习近平总书记在党的二十大报告中指出："人民性是马克思主义的本质属性，党的理论是来自人民、为了人民、造福人民的理论，人民的创造性实践是理论创新的不竭源泉。"[1] 人民至上是中国共产党的价值立场，在全面推进乡村振兴中的体现就是一切为了农民、一切依靠农民。"乡村建设是为农民而建，必须真正把好事办好、把实事办实。"[2]《中国共产党农村工作条例》也明确指出，党的农村工作必须"坚持以人民为中心，尊重农民主体地位和首创精神，切实保障农民物质利益和民主权利，把农民拥护不拥护、支持不支持作为判定党的农村政策的依据"[3]。第二，人民性为新时代新征程乡村振兴提供了价值方向指引。乡村振兴为农民而兴，乡村建设为农民而建，这是乡村振兴的出发点和落脚点。深化农村改革，推进乡村振兴，最根本的是"要尊重农民意愿和维护农民权益，把选择权交给农民，由农民选择而不是代替农民选择，可以示范和引导，但不搞强迫命令、不刮风、不一刀切"[4]。"农村改革不论怎么改，不能把农村土地集体所有制改垮了，不能把耕地改少了，不能把粮食生产

---

[1] 习近平：《高举中国特色社会主义伟大旗帜　为全面建设社会主义现代化国家而团结奋斗——在中国共产党第二十次全国代表大会上的报告》，人民出版社，2022，第19页。

[2] 习近平：《论"三农"工作》，中央文献出版社，2022，第15页。

[3] 《中共中央印发〈中国共产党农村工作条例〉》，《人民日报》2019年09月02日，第01、03版。

[4] 中共中央党史和文献研究院编《习近平关于"三农"工作论述摘编》，中央文献出版社，2019，第59页。

能力改弱了，不能把农民利益损害了。"①发展乡村产业要让农民有活干、有钱赚。要完善利益联结机制，"通过'资源变资产、资金变股金、农民变股东'，尽可能让农民参与进来。要形成企业和农户产业链上优势互补、分工合作的格局，农户能干的尽量让农户干，企业干自己擅长的事，让农民更多分享产业增值收益"②。第三，要坚持农民主体地位，充分尊重农民意愿，多听农民呼声，多从农民角度思考，更充分调动广大农民自主参与。"要广泛依靠农民、教育引导农民、组织带动农民，激发广大农民群众积极性、主动性、创造性，投身乡村振兴，建设美好家园。"③同时，还要在推进城乡基本公共服务均等化上持续发力，注重加强普惠性、兜底性、基础性民生建设；加快构建党组织领导的乡村治理体系，深入推进平安乡村建设，用好现代信息技术，创新乡村治理方式，提高乡村善治水平。

全面推进乡村振兴理论具有严密的系统性。集中体现在：一是全面推进乡村振兴是我国社会变革的重要组成部分。习近平总书记指出："乡村振兴是包括产业振兴、人才振兴、文化振兴、生态振兴、组织振兴的全面振兴，是'五位一体'总体布局、'四个全面'战略布局在'三农'工作的体现。我们要统筹推进农村经济建设、政治建设、文化建设、社会建设、生态文明建设和党的建设，促进农业全面升级、农村全面进

---

① 中共中央党史和文献研究院编《习近平关于"三农"工作论述摘编》，中央文献出版社，2019年版，第63页。

② 习近平：《论"三农"工作》，中央文献出版社，2022，第12页。

③ 习近平：《论"三农"工作》，中央文献出版社，2022，第18页。

步、农民全面发展。"①从内容维度看，乡村振兴是产业、人才、文化、生态、组织的全面振兴，不仅仅是某一个方面的振兴；从建设维度看，它是农村经济建设、政治建设、文化建设、社会建设、生态文明建设和党的建设的统筹推进；从空间维度看，它是坚持城乡融合发展，畅通城乡要素流动和循环；从时间维度看，实施乡村振兴战略是一项长期而艰巨的任务，要求尊重乡村建设规律，一年接着一年干，久久为功。二是乡村振兴统筹推进的路径方法集中体现了按照产业兴旺、生态宜居、乡风文明、治理有效、生活富裕的总要求，扎实推动乡村产业、人才、文化、生态、组织"五大振兴"。在此过程中，要统筹推进乡村发展、乡村建设和乡村治理。顺应农业农村经济市场需求变化、加快优化升级、促进产业融合的新要求，顺应产业发展规律，推动乡村产业发展壮大，推进产业振兴，逐步实现产业兴旺；按照农村生态文明建设质的提升和广大农民群众对建设美丽家园的追求，推进生态振兴，逐步实现生态宜居；按照弘扬社会主义核心价值观、保护和传承农村优秀传统文化、加强农村公共文化建设、提高乡村社会文明程度的发展需要，推进文化振兴，逐步实现乡风文明；以让农村既充满活力又和谐有序为目标，推进乡村治理能力和治理水平现代化，推进人才振兴，逐步实现治理有效；围绕广大农民群众日益增长的美好生活需要，持续增加农民收入，增强内生发展动力，逐步实现生活富裕。

全面推进乡村振兴理论具有内在的科学性。实施乡村振兴战略是党中央从党和国家事业全局出发，着眼于实现"两个一百年"奋斗目标，

---

① 习近平：《把乡村振兴战略作为新时代"三农"工作总抓手》，《求是》2019年第11期。

顺应亿万农民对美好生活的向往作出的重大决策。乡村振兴战略，从解决我国社会主要矛盾出发，具有鲜明的目标导向，既是党的使命决定的，也是为全球解决乡村问题贡献中国智慧和中国方案。[①] 习近平总书记基于党领导人民推进城乡发展的长期实践探索，科学总结了中国特色社会主义乡村振兴道路，其基本内容包括：重塑城乡关系，走城乡融合发展之路；巩固和完善农村基本经营制度，走共同富裕之路；深化农业供给侧结构性改革，走质量兴农之路；坚持人与自然和谐共生，走乡村绿色发展之路；传承发展提升农耕文明，走乡村文化兴盛之路；创新乡村治理体系，走乡村善治之路；打好精准脱贫攻坚战，走中国特色减贫之路。[②] 这七条"路"，既是党领导"三农"工作的经验总结，也是对新时代乡村发展、乡村建设规律的深刻揭示。习近平总书记的系列重要论述，运用历史思维、辩证思维、系统思维、创新思维、法治思维、底线思维，深刻阐述了全面推进乡村振兴的重大理论和实践问题，科学指引了乡村全面振兴的发展方向和实现路径。

全面推进乡村振兴理论具有显著的创新性。在实践中集中体现为"改革是全面推进乡村振兴的重要法宝"。衡量农村改革成功与否，一看是否契合农业和农村特点，二看是否兼顾国家、集体、农民三者利益，三看是否真正调动农民积极性，四看能否解放农村的社会生产力。深化农村改革始终把改革创新作为农村发展的根本动力，从农业农村发展的深层次矛盾出发，坚持不懈地推进农村改革和制度创新，以处理好农民和土地的关系为主线，聚焦深化农村土地制度改革、巩固和完善农村基

---

① 习近平：《论"三农"工作》，中央文献出版社，2022，第233—240页。
② 习近平：《论"三农"工作》，中央文献出版社，2022，第241—260页。

本经营制度、完善农业支持保护制度等重点领域和关键环节，有效解放和发展农村生产力，不断巩固和完善中国特色社会主义农村基本经济制度，为全面推进乡村振兴提供更有力的支撑。深化农村土地制度改革，就是要进一步丰富集体所有权、农户承包权、土地经营权的有效实现形式，促进农村土地资源优化配置，深化土地征收制度改革、集体经营性建设用地入市改革、农村宅基地制度改革，增强土地要素活力，助推乡村振兴大发展。巩固和完善农村基本经营制度，就是要深化农村承包地管理与改革，稳步推进农村承包地"三权分置"改革，健全农业专业化社会化服务体系，培育壮大新型农业经营主体。完善农业支持保护制度，就是要建立健全农村集体资产管理制度，完善农业投资管理机制，创新农村金融服务，创造良好的农产品国际贸易环境。

三、全面推进乡村振兴理论的科学指引和实践发展

习近平总书记关于全面推进乡村振兴重要论述是一整套科学理论体系，不仅深刻揭示了新时代"三农"发展的规律和趋势，明确了顶层设计和前进方向，而且为全面推进乡村发展、乡村建设、乡村治理提供了科学指南，在指导实践中展现了强大的真理力量和巨大的实践价值。

（一）科学指引制订实施乡村振兴战略的顶层设计

确定顶层设计的总体遵循。习近平总书记指出："我在党的十九大报告中对乡村振兴战略进行了概括，提出要坚持农业农村优先发展，按照产业兴旺、生态宜居、乡风文明、治理有效、生活富裕的总要求，建立健全城乡融合发展体制机制和政策体系，加快推进农业农村现代

化。"① 这其中，农业农村现代化是实施乡村振兴战略的总目标，坚持农业农村优先发展是总方针，产业兴旺、生态宜居、乡风文明、治理有效、生活富裕是总要求，建立健全城乡融合发展体制机制和政策体系是制度保障。这实际上为实施乡村振兴战略的顶层设计提供了总体遵循。

构建顶层设计的"四梁八柱"。2018年以来，中共中央、国务院先后印发了多个以乡村振兴为主题的中央一号文件并发布《乡村振兴战略规划（2018—2022年）》，2019年8月中共中央印发《中国共产党农村工作条例》，2021年6月《中华人民共和国乡村振兴促进法》生效。这些法规及政策文件，连同《关于实现巩固拓展脱贫攻坚成果同乡村振兴有效衔接的意见》以及各部门相关配套政策，共同构成实施乡村振兴战略的"四梁八柱"，是实施乡村振兴的顶层设计。

明确实施乡村振兴战略的总目标、总方针、总要求。农业农村现代化是实施乡村振兴战略的总目标，坚持农业农村优先发展是总方针。在国家战略资源优化配置过程中，只有坚持农业农村优先发展，深入实施乡村振兴战略，激活农村各类生产要素，促进农业全面升级、农村全面进步、农民全面发展，全面推动乡村振兴，让农业农村现代化与国家现代化同步，才能够最终实现以中国式现代化全面推进中华民族伟大复兴的百年目标。实施乡村振兴战略的总要求是产业兴旺、生态宜居、乡风文明、治理有效、生活富裕。产业兴旺，就是农村发展要有足够的产业支撑；生态宜居，是农村环境优势的体现，主要指农村生态和人居环境质量要不断改善；乡风文明，是乡村振兴过程中对农村精神文明建设的要求，也是乡村振兴的紧迫任务；治理有效，是对基层组织建设的要

---

① 习近平：《论"三农"工作》，中央文献出版社，2022，第276页。

求，体现乡村治理目标的新导向，强调治理体制与治理能力的改革与提升，注重治理效率和基层农民群众的主动参与，是乡村治理体系与治理能力现代化的具体体现；生活富裕，是农民生活水平不断提升的新标准，也是实施乡村振兴战略的主要目的。这五个方面构成乡村振兴战略实施总要求，也决定了乡村振兴是包括产业、人才、文化、生态、组织振兴的全面振兴。

(二) 科学指引巩固拓展脱贫攻坚成果，守住不发生规模性返贫底线

明确乡村振兴战略的底线任务。习近平总书记指出："要切实做好巩固拓展脱贫攻坚成果同乡村振兴有效衔接各项工作，让脱贫基础更加稳固、成效更可持续。"[1]逐步实现由集中资源支持脱贫攻坚向全面推进乡村振兴平稳过渡。对易返贫致贫人口要加强监测，做到早发现、早干预、早帮扶。对脱贫地区的产业要进行长期培育和支持，促进内生可持续发展。对易地扶贫搬迁群众要做好后续的扶持工作，通过多渠道促进就业，强化社会管理，推动他们积极融入社会。对脱贫县要"扶上马送一程"，设立相应的发展过渡期，保持主要的帮扶政策总体稳定。坚持和完善驻村第一书记和工作队、东西部协作、对口支援、社会帮扶等相关制度，并根据形势和任务变化不断进行完善。压紧压实各级党委和政府巩固脱贫攻坚成果责任，坚决守住不发生规模性返贫的底线。

明确实现底线任务的关键要求。实现底线任务是守护脱贫成果、确保稳定脱贫的关键。实践层面则涵盖了落实"四个不摘"要求的各项

---

[1] 习近平：《论"三农"工作》，中央文献出版社，2022，第322页。

制度设计，也就是过渡期内严格落实"四个不摘"要求：摘帽不摘责任，防止松劲懈怠，摘帽不摘政策，防止急刹车；摘帽不摘帮扶，防止一撤了之；摘帽不摘监管，防止贫困反弹。现有帮扶政策该延续的延续、该优化的优化、该调整的调整，确保政策连续性。兜底救助类政策继续保持稳定。落实好教育、医疗、住房、饮水等民生保障普惠性政策，并根据脱贫人口实际困难给予适度倾斜。优化产业就业等发展类政策。[①]

明确实现底线任务是一项系统工程。巩固拓展脱贫攻坚成果是一项复杂的系统工程。近年来，各地各部门在习近平总书记关于全面推进乡村振兴重要论述指引下，以不发生规模性返贫为目标，持续保持靶心不变、力度不减，持续强化巩固拓展脱贫攻坚成果的长效机制。一是把有效应对疫情影响作为重要任务。出台专门政策，从防止返贫监测帮扶、稳岗就业、产业帮扶、项目实施和资金支出、社会帮扶和驻村帮扶等方面着力，降低疫情对返贫风险的影响。二是把完善防止返贫动态监测帮扶机制作为基础工程。完善程序、标准，加强管理规范，确保应纳尽纳、应扶尽扶，及时帮助监测对象消除返贫风险。三是把增加脱贫群众收入和壮大集体经济作为防止返贫的根本路径。推动脱贫地区帮扶产业发展，提升产业质量；不断完善利益联结机制，增强产业项目的益贫带贫作用；完善帮扶政策，持续推动脱贫人口稳定就业；持续发展壮大新型村级集体经济。四是把构建持续提升"三保障"和饮水安全保障水平长效机制作为重要内容。进一步完善动态监测与帮扶机制，明确监测目标群体，提升动态监测质量，完善动态帮扶体系。五是把国家乡村振兴重点帮扶

---

① 《中共中央 国务院关于实现巩固拓展脱贫攻坚成果同乡村振兴有效衔接的意见》，《人民日报》2021年03月23日，第01版。

县和易地搬迁集中安置区作为巩固拓展脱贫攻坚成果的重中之重。对重点帮扶县专项规划、专项政策倾斜支持，对集中安置区后续发展加大支持，促进持续发展、稳定融入。六是把东西部协作、中央单位定点帮扶、民营企业参与作为重要力量。完善优化相关支持政策，提高帮扶成效，搭建共赢平台。七是把考核评估问题整改和典型引路作为重要手段。以整改为动力，提升工作水平；以示范创建为导向，推动以点带面。

（三）科学指引全面推进乡村振兴落地见效

聚焦产业促进乡村发展。首先，把确保粮食安全作为全面推进乡村振兴战略的首要任务。积极推进农业供给侧结构性改革，延伸粮食产业链、提升价值链、打造供应链，不断提高农业质量效益和竞争力，实现粮食安全和现代高效农业相统一。坚持以我为主、立足国内、确保产能、适度进口、科技支撑的国家粮食安全战略，建立全方位的粮食安全保障机制；推动藏粮于地、藏粮于技落实落地；推动粮食减损，树立大食物观。其次，持续推进农村一二三产业融合发展。最后，坚持农业农村绿色发展。加大水土资源保护力度，大力推动农业投入减量增效，多元举措发展生态循环农业，增强农村居民生态意识，完善法律约束体系，建立多渠道投入机制；推行绿色发展方式和生活方式，让生态美起来、环境靓起来，再现山清水秀、天蓝地绿、村美人和的美丽画卷。

扎实稳妥推进乡村建设。乡村建设的远景目标是到2035年，城乡基本公共服务均等化基本实现，城乡融合发展体制机制更加完善；农村生态环境根本好转，生态宜居的美丽乡村基本实现。近期（"十四五"时期）的目标是到2025年，乡村建设行动取得明显成效，乡村面貌发生显著变化，乡村发展活力充分激发，乡村文明程度得到新提升，农村发展安全保障更加有力，农民获得感、幸福感、安全感明显提高。乡村建设行动的主要任务包括：一是强化乡村建设的规划引领，完善县镇村规划布局，合理划分县域村庄类型，统筹谋划村庄发展，充分发挥村民主体作用；二是改善农村人居环境，因地制宜推进农村"厕所革命"，梯次推进农村生活污水治理，健全农村生活垃圾处理长效机制，整体提升村容村貌；三是提升乡村基础设施水平，推动城乡基础设施互联互通，推动城乡客运、供水、能源、环卫、物流等一体化发展；四是提升乡村公共服务水平，健全公共文化服务体系，增加乡村公共文化产品和服务供给，支持广泛开展群众文化活动，建好管好用好农村网络文化阵地，大力保护利用乡村传统文化。

突出实效改进乡村治理。治理有效是乡村社会稳定的有力保障，是乡村全面发展的内在支撑，是农民全面发展的必要条件。一是完善现代乡村社会治理体制，建立健全党委领导、政府负责、民主协商、社会协同、公众参与、法治保障、科技支撑的现代乡村社会治理体制。二是健全"三治结合"的乡村治理体系，深化村民自治实践，提升乡村发展活力；推进法治乡村建设，强化乡村法治保障；增强德治引领作用，提升乡风文明水平；坚持"三治结合"的农民主体性，创新"三治结合"的有效载体，完善"三治结合"的运行机制。三是提升乡镇和乡村为农服务能力，增强乡镇在乡村治理中的作用，把乡镇建成农村的服务中心、经济中心，大力推进提升乡镇为农服务能力的实践创新。

（四）科学指引中国式现代化乡村振兴道路发展

明确农业农村现代化是中国式现代化的重要组成部分。习近平总书记指出，新时代"三农"工作必须围绕农业农村现代化这个总目标来推进。长期以来，为解决好吃饭问题，我们花了很大精力推进农业现代化，取得了长足进步。相比较而言，农村在基础设施、公共服务、社会治理等方面差距相当大。农村现代化既包括"物"的现代化，也包括"人"的现代化，还包括乡村治理体系和治理能力的现代化。我们要坚持农业现代化和农村现代化一体设计、一并推进，实现农业大国向农业强国跨越。[1] 全面建设社会主义现代化国家，最繁重最艰巨的任务仍然在农村。全面推进乡村振兴、加快实现农业农村现代化，是中国式现代化的重要内容和重要支撑。走好中国式现代化的乡村振兴道路，就是以农业高质高效发展推进农业现代化，以乡村宜居宜业建设为中心推进农村现代化，以农民富裕富足为目标推进农业现代化。

揭示中国式现代化与乡村振兴道路的内在逻辑。第一，全面推进乡村振兴、实现农业农村现代化是中国式现代化的题中之义。这就意味着，推进乡村振兴必须服务于中国式现代化进程。第二，实现人口规模巨大的现代化，必须实现现代化的普惠性。这就意味着全体人民要共享现代化成果，要以乡村共同富裕推进中国式现代化。第三，实现全体人民共同富裕的现代化，必须持续增加居民的收入。这就意味着要在高质量发展中促进共同富裕，以高质量乡村振兴推进中国式现代化。第四，实现物质文明和精神文明相协调的现代化，必须促进物的全面丰富和人的全面发展。这就意味着乡村振兴既要有物质的不断丰富，也要有广大农民精神文明程度的持续提升。第五，实现人与自然和谐共生的现代化，必须促进绿色发展，要以乡村振兴推进和拓展人与自然和谐共生的中国

---

[1] 习近平：《把乡村振兴战略作为新时代"三农"工作总抓手》，《求是》2019年第11期。

式现代化。这就意味着乡村振兴要始终贯彻绿色发展理念，厚植并发挥乡村生态优势。

明确全面推进乡村振兴是新时代建设农业强国的重要任务。全面推进乡村振兴、加快建设农业强国，是党中央着眼全面建成社会主义现代化强国作出的战略部署。习近平总书记在2022年12月召开的中央农村工作会议上，系统阐释了建设农业强国、加快推进农业农村现代化、全面推进乡村振兴的一系列重大理论和实践问题，明确了当前和今后一个时期"三农"工作的目标任务、战略重点和主攻方向。[①] 全面推进乡村振兴，必须牢牢守住国家粮食安全和不发生规模性返贫"两条底线"，统筹推进乡村发展、乡村建设、乡村治理，从深化农村改革、凝聚帮扶力量、促进科技创新、推动城乡融合发展四个方面激发乡村振兴新动能，加强党对乡村振兴的全面领导。[②] 这些重要阐述，深刻阐明了全面推进乡村振兴是新时代建设农业强国的重要任务。

---

① 《习近平在中央农村工作会议上强调 锚定建设农业强国目标 切实抓好农业农村工作》，《人民日报》2022年12月25日，第01版。

② 黄承伟：《全面推进乡村振兴是新时代建设农业强国的重要任务》，《红旗文稿》2023年第2期。

第三章

河南省实施乡村振兴战略的创新探索

河南是农业大省、农村人口大省、粮食生产大省，以习近平同志为核心的党中央对河南省"三农"工作高度重视、寄予厚望。党的十八大以来，习近平总书记多次到河南考察，并参加十三届全国人大二次会议河南代表团审议，每次必讲"三农"。2014年，习近平总书记两次到河南考察，把做好农业农村农民工作作为"四个着力"之一，明确指示河南要着力做好农业农村农民工作，并叮嘱河南农业特别是粮食生产，是一大优势、一张王牌，这个优势、这张王牌任何时候都不能丢。2019年3月8日，习近平总书记在参加全国"两会"河南代表团审议时，对河南实施乡村振兴战略、做好"三农"工作提出了"6个要"的明确要求，要求河南扛稳粮食安全这个重任，推进农业供给侧结构性改革，树牢绿色发展理念，补齐农村基础设施这个短板，夯实乡村治理这个根基，用好深化改革这个法宝。2019年9月16日—18日，习近平总书记到河南考察，在信阳大别山革命老区提出"两个更好"，即"要把革命老区建设得更好，让老区人民过上更好生活"，并再次嘱托河南要扎实实施乡村振兴战略，在乡村振兴中实现农业强省目标。2021年5月12日—14日，习近平总书记来河南考察，对河南省加强水源区保护、做好移民后续帮扶、抓好粮食生产、发展中医药、培育特色产业等作出重要指示，并在南阳主持召开推进南水北调后续工程高质量发展座谈会。这一系列重要讲话重要指示，充分体现了习近平总书记对河南"三农"工作的关心重视，为河南扎实实施乡村振兴战略指明了前进方向，提供了根本遵循。[①]

党的十九大作出实施乡村振兴战略的重大决策部署，党的二十大对全面推进乡村振兴作出新的决策部署。这是习近平总书记着眼党和国家事业全局、顺应亿万农民对美好生活的向往、立足我国"三农"工作实际作出的重大决策，是关系全面建设社会主义现代化国家的全局性、历史性任务。作为全国重要的农业大省、农村人口大省，河南省是我国实施乡村振兴战略的重要区域，对保障国家粮食安全和全面实现农业现代化具有深刻影响和意义。党的十九大以来，河南省深入贯彻落实习近平总书记关于"三农"工作重要论述以及考察河南重要讲话重要指示，围绕农业产业升级、农民增收、农村环境改善等方向，锚定"两个确保"、全面实施"十大战略"，牢牢守住确保粮食安全、不发生规模性返贫底线，全面推进乡村振兴，着力促进乡村发展、乡村建设、乡村治理，在创新发展中不断推动农村经济、社会和生态可持续发展，加快建设农业强省。

一、河南省实施乡村振兴战略的部署安排

党中央提出实施乡村振兴战略以来，河南省委、省政府认真贯彻习近平总书记关于"三农"工作重要论述以及考察河南重要讲话重要指

[①] 中共河南省委直属机关工委宣传部：《河南"十大战略"系列主题讲座：（五）全面实施乡村振兴战略 加快农业农村现代化》，2022-04-12，http://www.hnjgdj.gov.cn/2022/0412/63598.html。

示，坚持"三农"工作重中之重地位不动摇，将实施乡村振兴战略纳入"十大战略"全面部署，坚持五级书记抓乡村振兴，建立省级领导联系乡村振兴示范县和脱贫县制度，健全乡村"五大振兴"专班工作推进机制，狠抓各项工作落实，努力在乡村振兴中实现农业强省目标，形成了系统部署和安排。

一是加强"三农"工作组织领导。河南省健全完善农村工作领导体制机制，落实五级书记抓乡村振兴责任，将乡村振兴工作领导小组等涉农议事协调机构职能并入省委农村工作领导小组，省委书记任组长，省长和有关省领导任副组长，市、县成立由党委、政府主要负责同志任组长的领导小组，建立党委统一领导、政府负责、农业农村部门统筹协调的工作格局，形成省负总责、市县抓落实的工作机制。同时，建立乡村振兴联系点制度，省级领导继续分包脱贫县，联系乡村振兴示范县，实施分类推进。《中共河南省委　河南省人民政府关于做好二〇二二年全面推进乡村振兴重点工作的实施意见》提出，健全乡村"五大振兴"专班工作推进机制，发挥各级党委农村工作领导小组牵头抓总、统筹协调作用，推进各级党委农村工作领导小组议事协调规范化制度化建设，建立健全重点任务分工落实机制，一体承担巩固拓展脱贫攻坚成果、全面推进乡村振兴议事协调职责。强化党委农村工作领导小组办公室决策参谋、统筹协调、政策指导、推动落实、督促检查等职责，充实工作力量，完善运行机制。

二是着眼全局统筹部署。聚焦乡村振兴，连续多年出台省委一号文件。省第十一次党代会把深入实施乡村振兴战略纳入"十大战略"并作出专题部署。省人大常委会审议通过《河南省乡村振兴促进条例》。组织实施产业振兴、人才振兴、文化振兴、生态振兴、组织振兴五年行动计划。制定关于支持省乡村振兴重点帮扶县的实施意见，对4个重点帮扶县强化政策扶持。2021年3月，河南省依据各县（市、区）的区位条件、资源禀赋、产业基础、发展水平等实际情况，将全省107个县（市、区）划分为30个示范引领县、43个整体推进县、34个巩固提升县，分类推进乡村振兴。其中，34个巩固提升县均为原国家扶贫开发工作重点县，重点做好脱贫攻坚同乡村振兴的有效衔接。确定原4个省级深度贫困县为省乡村振兴重点帮扶县，统筹资源力量，实施政策倾斜，补齐发展短板，确保这些地方在全面推进乡村振兴中不掉队、赶上来。

三是加大"三农"投入力度。2021年农林水预算支出达到1149.6亿元。全省交易宅基地复垦券1.62万亩，为脱贫县筹集资金30.66亿元。累计交易宅基地复垦券1.42万亩，为脱贫县筹集资金26.74亿元。安排政府债券282.6亿元用于乡村振兴，推广PPP模式吸引635亿元长期资本参与乡村建设。

四是开展乡村振兴实绩考核。采取年终督查、指标考核、群众评价等方式，对省辖市实施乡村振兴战略实绩进行考核，考核结果作为省辖市领导班子和领导干部综合考核评价、政策试行、项目安排和资金分配的重要依据。《中共河南省委　河南省人民政府关于做好二〇二二年全面推进乡村振兴重点工作的实施意见》进一步提出完善市县党政领导班子和领导干部推进乡村振兴战略实绩考核制度，对考核排名靠前的市县给予适当激励，对考核排名靠后、履职不力的进行约谈。落实各级党委和政府负责同志乡村振兴联系点制度。借鉴推广浙江"千万工程"经验，开展现场观摩、交流学习等活动，营造全面推进乡村振兴良好氛围。开展《河南省乡村振兴战略规划（2018—2022年）》实施评估。

伴随全面建成小康社会第一个百年奋斗目标的实现，我国进入全面建设社会主义现代化国家的新发展阶段，"三农"工作重心转向全面推进乡村振兴加快农业农村现代化。河南省第十一次党代会总结乡村振兴的河南实践，对新发展阶段全面推进乡村振兴进行系统部署。为深入贯彻落实习近平总书记重要讲话重要指示，按照河南省第十一次党代会战略部署，省政府于2021年年底制定发布了《河南省"十四五"乡村振兴和农业农村现代化规划》，进一步提出了新发展阶段河南省乡村振兴的总体思路、重大布局、发展目标和重大任务。

新发展阶段河南省乡村振兴的总体思路，就是坚持稳中求进工作总基调，立足新发展阶段，全面贯彻新发展理念、构建新发展格局，坚持农业农村优先发展，坚持农业现代化与农村现代化一体设计、一并推进，坚持农民主体地位，以推动高质量发展为主题，以确保重要农产品特别是粮食供给为首要任务，以深化农业供给侧结构性改革为主线，以增加农民收入为核心，以实施乡村建设行动为关键抓手，以推进农村改革为根本动力，巩固拓展脱贫攻坚成果，践行县域治理"三起来"、做到乡镇工作"三结合"，全面推进乡村产业、人才、文化、生态、组织振兴，促进农业高质高效、乡村宜居宜业、农民富裕富足，推动乡村振兴走在全国前列。

新发展阶段河南省乡村振兴的重大布局，就是构建"一区两带三山"农业农村现代化发展布局。"一区"，就是建设黄淮海平原和南阳盆地现代化粮食生产功能区，覆盖100多个县（市、区），占全省粮食生产功能区和重要农产品生产保护区的90%；重点是打造现代化的高标准农田和粮食等重要农产品生产基地，支撑全省1300亿斤以上的粮食产能，保障重要农产品供给。"两带"，就是沿黄和南水北调干渠沿线农业生态保护和高质量发展示范带，包括沿黄25个县（市、区）和南水北调沿线（含水源地）24个县（市、区）；重点是对接国家黄河流域生态保护和高质量发展、南水北调后续工程高质量发展战略，发展高效节水农业和生态循环农业，优先布局建设农业绿色发展先行区，打造全省生态保护和高质量发展示范带。"三山"，就是大别山、伏牛山、太行山特色产业优势区，涉及44个县（市、区）；重点是发挥自然资源和文化资源优势，发展优势特色农业，促进农文旅融合发展，建设宜居宜业美丽乡村。

新发展阶段河南省乡村振兴的发展目标，就是到2025年实现"五个明显提高"，即农民收入水平、农业劳动生产率、农业科技创新能力、农业质量效益、乡村基础设施和公共服务水平明显提高。实现"五个走前列"，即在提升粮食核心竞争力上、在农业高质量发展上、在巩固拓展脱贫攻坚成果上、在乡村建设上、在城乡融合发展上走在全国前列。到2035年基本建成"四个强省一个家园"，即现代农业强省、现代畜牧业强省、现代种业强省、绿色食品业强省和幸福美好农民新家园，乡村全面振兴取得决定性进展，基本实现农业农村现代化。到2050年全面实现农业强、农村美、农民富，高水平实现农业农村现代化。

新发展阶段河南省乡村振兴的重大任务，主要包括以下九个方面：一是提升粮食等重要农产品核心竞争力，二是推进农业供给侧结构性改革，三是构建乡村产业体系，四是推进创新驱动发展，五是推进农业农村绿色发展，六是巩固拓展脱贫攻坚成果同乡村振兴有效衔接，七是实施乡村建设行动，八是夯实乡村治理根基，九是推进城乡融合发展。[1]

---

[1] 中共河南省委直属机关工委宣传部：《河南"十大战略"系列主题讲座：（五）全面实施乡村振兴战略 加快农业农村现代化》，2022-04-12，http://www.hnjgdj.gov.cn/2022/0412/63598.html。

二、河南省实施乡村振兴战略的政策体系

党的十九大报告指出必须始终把解决好"三农"问题作为全党工作的重中之重,提出实施乡村振兴战略。随后每年发布的中央"一号文件",均对新时代、新发展阶段优先发展农业农村、全面推进乡村振兴作出总体部署。在此背景下,河南省坚持"把强县和富民统一起来,把改革和发展结合起来,把城镇和乡村贯通起来"的县域治理"三起来"工作要求,建立起全面推进乡村振兴战略的政策体系。

2018年年初,河南省发布《关于推进乡村振兴战略的实施意见》,提出了河南省实施乡村振兴战略的总体要求,明确全面落实永久基本农田保护制度,加大土地综合整治力度,深化农村土地制度改革,探索宅基地"三权分置",促进乡村振兴战略的有效实施。同时,为实施好乡村振兴战略,2018年11月,河南省加强顶层设计,构建了乡村振兴"1+1+N+1"政策体系。其中第一个"1"是2018年河南省委1号文件《关于推进乡村振兴战略的实施意见》;第二个"1"是印发实施的《河南省乡村振兴战略规划(2018—2022年)》;"N"是6个专项行动计划,包括农村人居环境整治三年行动实施方案、打好精准脱贫攻坚战三年行动计划、乡村治理体系建设三年行动计划、乡风文明建设三年行动计划、科技支撑乡村振兴三年行动计划、加快农业结构调整的专项方案;最后一个"1"是乡村振兴工作评价体系。

2021年5月,河南省出台《河南省乡村建设行动实施方案》,制订13个重点任务专项行动方案,分别从产业、人才、生态、文化和组织建设等方面画定未来五年河南省乡村振兴的"路线图"。

2021年9月，河南省委工作会议把实施乡村振兴战略列入河南省要全面实施的"十大战略"。提出突出规划引领，坚决扛稳粮食安全重任，彰显打好种业翻身仗的河南担当，以"三链同构"提升农业效益和竞争力，以促进农民增收为中心任务推动共同富裕，以实施乡村建设行动为关键抓手建设美丽乡村，加快建设现代农业强省。

2021年12月，河南省人民政府印发了《河南省"十四五"乡村振兴和农业农村现代化规划》，以规划为引领，对河南省全面推进乡村振兴，加快农业农村现代化，划定了阶段性目标任务。同年12月28日，河南省第十三届人民代表大会常务委员会第二十九次会议审议通过了《河南省乡村振兴促进条例》，从产业发展、生态宜居、乡风文明、乡村治理、城乡融合等多方面采取措施，全面促进乡村振兴发展。

2022年3月，《中共河南省委 河南省人民政府关于做好二〇二二年全面推进乡村振兴重点工作的实施意见》印发，着重从10个方面明确了45条具体措施，统筹推进乡村发展、乡村建设、乡村治理重点工作，推动乡村振兴取得新进展、农业农村现代化迈出新步伐。其中包括提升粮食和重要农产品有效供给能力，坚决守住不发生规模性返贫底线，大力发展乡村产业，加快灾后恢复重建，强化防灾减灾能力建设，多渠道促进农民增收，扎实推进乡村建设，加强和改进乡村治理，加强政策保障和体制机制创新，以及加强对"三农"工作的组织领导。[1]

---

[1] 《中共河南省委 河南省人民政府关于做好二〇二二年全面推进乡村振兴重点工作的实施意见》，《河南日报》2022年03月29日，第01版。

三、河南省实施乡村振兴战略的主要成效

近年来,河南省认真贯彻落实习近平总书记关于河南工作的重要讲话重要指示批示精神,坚持"三农"工作重中之重地位不动摇,扎实实施乡村振兴战略,粮食生产连创新高,乡村建设稳步推进,农村改革持续深化,农村社会大局稳定,为全省经济社会发展奠定了坚实的基础。

(一)扛稳粮食安全重任

河南省坚定不移把确保重要农产品特别是粮食供给作为乡村振兴的首要任务,始终绷紧粮食安全这根弦,制定了《关于牢记领袖嘱托扛稳粮食安全重任的意见》,大力实施"藏粮于地、藏粮于技"战略,持续擦亮粮食生产这张王牌。

严守耕地保护红线,落实最严格的耕地保护制度。严格耕地用途管制,从严落实耕地利用优先序,严格管控耕地转为其他农用地,开展流转耕地"非农化""非粮化"专项整治,确保河南省耕地保有量和永久基本农田保护面积稳定在国家下达的目标任务之上。

加快高标准农田建设。以粮食生产功能区和重要农产品生产保护区为重点,分类分区域开展高标准农田建设和提质,河南省持续加大高标准农田建设,越来越多的"望天田"变成旱涝保收的"高产田"。

大力推进种业振兴。建设国家生物育种产业创新中心,推动神农种业实验室成为国家种业实验室的重要组成部分。筹建省种业集团,规划建设"中原农谷",着力打造现代种业强省,努力把种子这个农业"芯

片"牢牢握在自己手里。

调动种粮抓粮积极性。落实小麦和稻谷最低价收购政策，推进小麦、玉米、水稻三大主粮作物完全成本保险全覆盖，开展花生"保险＋期货"试点，让农民种粮有收益。加大对产粮大县的支持力度，完善转移支付、奖励补助政策，探索建立产粮大县的利益补偿机制，让产粮大县产粮不吃亏。

严格落实粮食安全党政同责。明确各级党委、政府主要负责人是本地粮食安全和耕地保护第一责任人。严格粮食安全责任制考核，考核结果作为领导干部年度综合考核、干部调整使用和乡村振兴实绩考核的重要依据。河南省连续5年粮食总产稳定在1300亿斤以上、小麦产量稳定在700亿斤以上。

（二）巩固拓展脱贫攻坚成果取得实效

河南省坚持把巩固拓展脱贫攻坚成果摆在突出位置，严格落实"四个不摘"要求，保持工作力度和政策强度，让脱贫基础更加稳固、成效更可持续。

加强动态监测帮扶。瞄准易返贫致贫人口和突发严重困难户，坚持集中排查与常态化排查、全面筛查与重点核查相结合，做到应纳尽纳、一户不落。对每户监测对象明确一名国家机关工作人员为帮扶责任人，定期入户走访，做到一户一策、对症下药。严格执行监测对象退出标准和退出程序，做到实事求是、稳慎退出。

促进脱贫群众增收。扭住产业、就业"两个关键"不放松，千方百计增加农民收入。实施田园增收、养殖富民、乡村旅游等产业发展十大行动，2022年衔接资金用于产业发展的比例达到60%以上，推广"龙头企业＋合作社＋农户＋金融"等帮带模式，让农民更多分享产业增值的收益。通过劳务输出、帮扶车间、公益岗位、以工代赈等途径，脱贫人口、监测对象就业规模稳定在210万人以上。

兜牢民生保障底线。建立"两不愁三保障"问题动态排查清零机制。2021年实现农村义务教育阶段辍学学生动态清零；脱贫人口、监测对象参保率100%，住院费用政策范围内报销比例稳定在90%左右。2022年改造农村危房11963户，确保危房不住人、住人无危房；维修农村供水工程10178处，保证群众饮水安全。健全农村低收入人口常态化帮扶机制，2022年农村低保标准提高到每人每年不低于5040元，特困人员基本生活标准不低于当地低保标准的1.3倍。

支持重点区域发展。将4个原省级深度贫困县确定为省乡村振兴重点帮扶县，加大投资力度聚焦实施补短板促发展项目。对受洪涝灾害影响严重的国家挂牌督办县、省挂牌督办县，省委、省政府出台专项支持政策举措，省级领导和省直单位联系帮扶，确保年底顺利摘牌。对易地扶贫搬迁安置点和搬迁群众，完善配套设施和公共服务，开展就业帮扶专项行动，确保稳得住、能发展、可致富。在灾情疫情叠加影响下，河南省守牢了不发生规模性返贫底线，实现了巩固拓展脱贫攻坚成果同乡村振兴有效衔接。

（三）确保重要农产品有效供给

稳定生猪产能，生猪及猪肉外调量全国最多，得到了"猪粮安天下，河南贡献大"的赞誉。加快肉牛奶牛产业发展，实施粮改饲试点县75个，新扩建500头以上肉牛规模场78个，新建扩建300头以上奶牛场11个。优化家禽产业，加快产业转型升级，提升标准化、自动化、智能化水平，

2021年家禽出栏11.2亿只，禽蛋产量达446万吨，居全国第2位。抓好蔬菜生产。重点推动蔬菜生产大县开展绿色高质高效创建，发展集约化育苗和设施蔬菜，产量总体保持稳定。

（四）在乡村产业发展上取得新成效

河南省坚持绿色兴农、质量兴农、品牌强农，推动农业由生产型向经营型转变，提高农业质量效益和竞争力。

壮大优势特色农业。推进40个优质专用小麦县、72个优质花生县、50个优质蔬菜县、37个食用菌县、40个养牛大县等十大优势特色农产品基地建设，优势特色农业产值占比达57.8%。打造"豫农优品"整体品牌，建设国家农产品保护工程项目14个，创建省级农业品牌1037个。

推动农产品加工业转型升级。以"粮头食尾""农头工尾"为抓手，推进"三链同构"。围绕面、肉、油、乳、果蔬五大产业，加快建设万亿级现代食品集群，生产了全国1/2的火腿肠、1/3的方便面、1/4的馒头、3/5的汤圆、7/10的水饺，双汇、牧原、三全、思念、想念、白象等品牌享誉海内外，不仅丰富了"国人厨房"，还走进了"世人餐桌"。

培育新型农业经营主体。农业产业化重点龙头企业、农民合作社、家庭农场等新型农业经营主体稳步增长，2022年全省国家级、省级农业重点龙头企业970家，省级农业产业化联合体336个，农民合作社发展到19.8万家，家庭农场25.76万家，村级新型集体经济组织4.9万个。

加强产业发展载体建设。大力构建国家级、省级、市级、县级现代农业产业园体系，创建国家级优势特色产业集群、国家级农业产业强镇、全国农业现代化示范区，促进一二三产业融合发展。

（五）在乡村建设上迈出新步伐

河南省出台《河南省乡村建设行动实施方案》，成立由省级领导分别任组长的13个专项行动专班，不断推动工作，持续改善农村生产生活条件。

科学编制乡村规划。坚持县域规划建设一盘棋，统筹县城、乡镇、村庄规划，统筹产业发展和生态功能全域布局，推进城乡规划一体化。加强传统村落和乡村特色风貌保护，更好体现中原乡土特色，把"老家河南"的乡愁和文韵留住。将河南省4.46万个行政村划分为城郊融合、集聚提升、整治改善、特色保护、搬迁撤并5类，所有乡镇均成立乡村规划委员会，已完成1.4万个村庄"多规合一"的实用性规划编制工作。

加快推进城乡基础设施一体化。实施城乡交通、供水保障、清洁能源建设、信息通信网络建设、广播电视建设、物流体系建设一体化行动，促进城乡基础设施互联互通、共建共享。2022年河南省所有行政村通硬化路、通客车。农村集中供水率93%，自来水普及率91%。乡镇、农村热点区域实现5G网络全覆盖，广播、电视综合人口覆盖率均达99%。

加快推进城乡基本公共服务均等化。实施县域城乡教育、公共文化、医疗卫生、社会保障均等化行动，增强农村基本公共服务的可及性、便利性。2022年全省九年义务教育巩固率96.1%，行政村和社区综合性文化服务中心实现全覆盖，2211所乡镇卫生院和社区卫生服务中心达到服务能力基本标准、占比87.5%，城乡居民基本养老保险参保人数5286.7万人、参保率99%以上。

整治提升农村人居环境。实施"治理六乱、开展六清"农村人居环境集中整治行动，推进农村"厕所革命"，县（市、区）基本建成全域一体市场化保洁机制，农村生活垃圾收运处置体系覆盖所有行政村，涌现出信阳田铺大塆、焦作莫沟、安阳庙荒等一批美丽宜居乡村，太行山区、伏牛山区、大别山区等建成一批乡村文化旅游民宿集中连片示范带。

（六）人才建设取得显著成效

河南省立足人力资源大省、劳务输出大省实际，大力开展"人人持证、技能河南"建设，推动由劳务输出大省向技能型人才大省转变。

加强农民技能培训。加强高素质农民和农村实用人才培养，突出抓好家庭农场经营者、农民合作社带头人培育。大规模开展面向新生代农民工等人员持证培训，提高农业转移人口劳动技能素质。发展面向农村的职业教育，支持高水平农业高职院校开展本科层次职业教育。

开展评价取证。全面推进职业技能等级认定，指导企业自主开展技能岗位人员全员定级、晋级评价。支持院校开展技能等级评价，推进中等、高等职业学校和本科院校在校生"学历证书＋若干职业技能等级证书"考核评价。加快社会培训评价组织建设，逐步实现技能类职业全覆盖。

突出品牌建设。推进"一县一品牌"建设，重点打造"豫农技工""河南织女""河南护工"等省级人力资源品牌，引领带动一批区域人力资源品牌发展。举办河南省第一届职业技能大赛，在全省掀起"技能河南"建设热潮。

（七）乡村治理上实现新突破

河南省坚持系统治理、依法治理、综合治理、源头治理，全面提高乡村治理水平，推进乡村治理体系治理能力现代化。

建强农村基层党组织。选优配强乡镇领导班子，持续优化村"两委"班子特别是带头人队伍，扎实开展"五星"支部创建。

完善基层共建共享机制。坚持和发展新时代"枫桥经验"，深入推进"零上访、零事故、零案件"村（社区）创建活动，推动自治、德治、法治、数治"四治融合"，持续深化"四议两公开"工作法，推进数字乡村示范县和农村数字化应用项目，让农民享受到更多数字红利。

提升农村精神文明建设水平。大力弘扬焦裕禄精神、红旗渠精神、大别山精神，赓续红色基因。深入开展"听党话、感党恩、跟党走"活动，激励广大农民群众信心满怀奋进新时代、阔步新征程。

（八）推进创新驱动发展

创新种业发展。聚焦种业科技自立自强，神农种业实验室、国家生物育种产业创新中心、周口农业高新技术产业示范区等加快建设，出台"中原农谷"建设方案、打造千亿级种业和粮食产业集群，创建国家级、省级现代种业产业园。

发展现代农机装备。高水平建设国家农机装备创新中心，加快发展农机装备产业。落实农机购置补贴带动社会投入，持续提升全省主要农作物耕种收综合机械化率。

建设数字乡村。加快现代信息技术与农业发展深度融合，推进数字村庄等"一村九园"建设，建设一批省级数字乡村示范县、国家级数字农业试点项目。

（九）加强农村生态建设

持续实施"四水同治"，十大水利工程全面推进。建立五级河长制、四级湖长制体系。持续推进河湖"清四乱"，水环境、水生态得到进一步改善。加快国土绿化，推进农业绿色发展。

（十）全面深化农村改革

推进农村土地制度改革。第二轮土地承包到期后再延长30年济源试点工作有序推进。加强农村宅基地和村民自建住房管理，出台《河南省农村宅基地和村民自建住房管理办法》，推动建立规划、审批、建房管理、风貌培育、执法监管一体化管理体系。稳慎推进宅基地制度改革试点。

开展农村集体产权制度改革。全面完成整省推进试点任务，积极推动资源变资产、资金变股金、农民变股东，加快发展新型农村集体经济。

培育新型农业经营主体。推进农民合作社质量提升整县试点，实施家庭农场培育计划，大力培育农民合作社、家庭农场、农业社会化服务组织，农业适度规模经营占家庭承包耕地面积不断提高。

统筹推进农村改革。持续推进粮食储备制度改革，完成年度省级储备轮换4.55亿斤，开展国有粮食企业改革试点。积极推进供销合作社"三位一体"综合合作试点改革。[1]

---

[1] 中共河南省委直属机关工委宣传部：《河南"十大战略"系列主题讲座：（五）全面实施乡村振兴战略 加快农业农村现代化》，2022-04-12，http://www.hnjgdj.gov.cn/2022/0412/63598.html。

（十一）创新工作机制引导群众参与

充分调动农民群众在美丽乡村建设中的主观能动性，能够使乡村治理更有保障。如辉县市创新运用"红分"管理制度，用"小积分"撬动"大战略"，实现了从干部干群众看到群众跟着干部干，再到群众积极主动干的转变。济源市建立道德积分银行，以户为单位对村民善举进行道德积分，凭积分可以领取日常生活用品，村民纷纷参与，乡风文明大大改善。[①]

四、河南省实施乡村振兴战略的重要经验

河南省坚决贯彻落实习近平总书记关于"三农"工作的重要论述和党中央、国务院的决策部署，结合河南省的省情农情，全面推进乡村振兴战略实施，取得明显成效，这是河南省取得历史性成就、发生历史性变革的重要成果，为河南省经济社会发展奠定了基础、提供了强有力支撑。在探索实践中，积累了宝贵经验。

（一）巩固拓展脱贫攻坚成果，牢牢守住不发生规模性返贫的底线

巩固拓展脱贫攻坚成果、牢牢守住不发生规模性返贫的底线，是乡村振兴的基础。2023年中央一号文件提出，"坚决守住不发生规模

---

① 杜华：《河南乡村振兴的现实问题与路径选择》，《河南经济报》2023年05月20日，第05版。

性返贫底线""把增加脱贫群众收入作为根本要求,把促进脱贫县加快发展作为主攻方向,更加注重扶志扶智,聚焦产业就业,不断缩小收入差距、发展差距"。

河南省上下坚持把巩固拓展脱贫攻坚成果摆在突出位置,严格落实"四个不摘"要求,保持工作力度和政策强度,接续推进脱贫村发展和群众生活改善,守住了不发生规模性返贫底线。如汝阳不断强化动态监测,把防止返贫动态监测和帮扶作为巩固脱贫成果的基础和根本,扎实开展周三"乡村振兴服务日"活动,用好"干部排查、部门预警、农户申报"三条途径,及时将有返贫致贫风险的农户识别为防止返贫监测对象,做到应纳尽纳、应扶尽扶、帮扶到位、消除风险。尤其是坚持"数智"赋能,强化运用"大数据+"技术,用好覆盖全县所有行政村和农户的"智慧乡村信息系统",对因病自付费用、因灾损失金额超过3万元及新纳入低保等人员,同步启动线上数据比对和线下调查核实,分析研判返贫致贫风险,第一时间予以干预,并及时进行核查反馈。[①] 商丘市坚持把增加脱贫群众收入作为根本要求,把促进脱贫地区加快发展作为主攻方向,聚焦产业富民,形成多元增收格局;聚焦稳岗就业,增强脱贫群众获得感;聚焦"四大体系",构建有效衔接机制。聚焦聚力形成多渠道、多元化增收新格局,稳定提高脱贫群众和监测对象收入水平,实现巩固拓展脱贫攻坚成果同乡村振兴有效衔接。[②]

[①] 王飞:《聚焦四项重点任务 绘就乡村振兴汝阳画卷》,《中国乡村振兴》2023年第4期。

[②] 何玉东:《"三个聚焦"铺就脱贫群众增收"致富路"》,《中国乡村振兴》2023年第7期。

（二）立足河南实际，坚定不移抓好乡村产业振兴

2023年2月13日，中共河南省委书记、省人大常委会主任楼阳生在省委农村工作会议上指出，立足河南实际，做足做活"土特产"这篇大文章，不断强龙头、补链条、兴业态、树品牌，推动乡村产业全链条升级，增强市场竞争力和可持续发展能力。河南省在推进实施乡村振兴战略过程中，大力发展特优产业，推动农产品加工业升级，同时培育农村新产业新业态，实施"数商兴农"和"互联网+"农产品出村进城工程，持续坚持精准发力，立足特色资源，关注市场需求，发展优势产业，促进一二三产业融合发展，更多更好惠及农村农民。

在河南各地，特色产业已成为农民增收的重要渠道。河南着力培育优势特色农业，做大做强国家级特色农产品优势区，围绕面、肉、油、乳、果蔬五大重点产业，开展企业提级等五大行动。

（三）坚持系统观念，探索实践乡村振兴带动发展模式

河南省在实施乡村振兴战略实践中，坚持系统观念，各地积极探索乡村振兴带动发展，逐步形成了产业融合带动模式、全域旅游带动模式、美丽乡村带动模式。

产业融合带动模式。如信阳市商城县里罗城村，在保持农业产业功能的基础上，科学利用农业旅游资源，促进农业农村与旅游业融合发展，走出了"以农促旅、以旅兴农"的发展之路。里罗城村通过旅游与农林业联动融合，开发乡村休闲、农事体验、田园生活、文化交流和农村物联网电商以及农副产品交易体验等旅游项目；通过旅游与文创产业融合，开发农耕文化体验、乡村音乐交流、论坛会议发起、教育研学推

广等旅游项目；通过田园农耕文化展示与物联网电商运营，推动区域农副产品转化为旅游商品，实现"旅游+"产业联动发展，丰富乡村旅游产品体系，满足游客的多元化市场需求，提升村庄吸引力。里罗城村良好的生态和丰富的农产资源赋予了特色农业、食品加工和休闲旅游业蓬勃发展的天然基础，县内龙头食品加工业为乡村产业融合发展提供了有力支撑，对延伸农旅融合产业链条，将农产品转化为旅游产品，增强旅游业对农业的带动能力起到了重要作用。

全域旅游带动模式。近年来，河南省加快发展全域旅游，全面推动旅游业高质量发展，重点解决"三农"问题，助推乡村振兴战略的实施。近几年，新县依托红色历史、绿色生态、古色乡村等旅游资源，推动优质旅游发展，以全域旅游的新县实践，为县域乡村振兴发展提供了一种新思路。该县立足发展大势和县情特点，把旅游放在发展全局中进行谋划，利用当地的生态和旅游资源有效促进经济发展，确立了以"红色引领、绿色发展"的理念和"山水红城、健康新县"的定位，以旅游的理念谋划县域发展，以旅游的标准统筹城乡建设，以旅游的成效助力脱贫攻坚，推动旅游资源与社会资源优化配置，旅游发展与经济发展协同共进。

美丽乡村带动模式。河南省自2013年起，启动了探索全域性美丽乡村建设试点工作，积极完善"一个引领、五项机制"的美丽乡村制度体系，加大对美丽乡村建设的资金投入，支持实施美丽乡村建设试点项目，注重基础设施和公共服务设施的健全和完善，不断推进环境综合整治，支持开展道路（桥涵）、供（排）水等基础设施配套建设，建设农村社区综合服务中心、文体娱乐广场等公共服务设施以及因地制宜开展沿路、沿河、沿景区等的环境综合整治工程，大力推进农村基础设施建设和城乡基本公共服务均等化，提升农村人居环境水平和生态质量，推进乡村振兴战略落实。

（四）注重精神文明建设，持续提升乡村振兴精神动力

在脱贫攻坚期间，河南省高度重视开展农村精神文明建设工作，切实提升农民精神风貌，不断提高乡村社会文明程度，推动乡风民风美起来，人居环境美起来，文化生活美起来。脱贫攻坚战全面胜利后，在农村大力倡导社会主义核心价值观是实施乡村振兴战略的应有之义，可以进一步提升农民思想道德素质、科学文化水平，弘扬正气，凝聚共识，激发农民劳动热情和创新活力，为巩固拓展脱贫攻坚成果、全面推进乡村振兴作出更大贡献。比如，河南鲁山县磙子营乡新孔庄村，为使传统文化和社会主义核心价值观进一步深度融合，创新开展"乡村振兴文化大讲堂"，让村里有文化、有组织能力的人来传播党的声音，全村形成了邻里和睦、妯娌相亲、尊老爱幼的良好风尚。

扎实推动"以文化人"，为乡村振兴培根铸魂。乡村振兴既要塑形，也要铸魂。乡村振兴离不开文化的引领，文化振兴既能为乡村全面振兴提供哺育和支撑，也是推动乡村实现全面振兴的路径和抓手。比如，河南息县弯柳树村，曾是一没资源二没产业的贫困村。但自从注重充分发挥文化引领带动作用，开展弘扬优秀传统文化、营造文明乡风工作后，很快就实现了全村面貌的大变样，不仅吸引了很多公司前来投资，而且还发展成为远近闻名的孝道文化学习基地，实现了经济社会发展的双丰收。文化振兴也能加快推动文化与农村一二三产业融合发展，转变农村经济发展方式，让文化真正产生效益。如推动文化与农业融合，发展田园综合体、休闲农场等；推动文化与乡村建设融合，发展乡村特色文化

公园、乡村文化生态博物馆、艺术村等；推动文化与制造业融合，发展纺织品、工艺品生产等；推动文化与旅游业融合，发展乡村文化旅游业。

全面推进移风易俗，为乡村振兴赋能增效。推进移风易俗、摒弃陈规陋习，是农村精神文明建设的重要内容，也是实施乡村振兴战略的必然要求。近年来，河南省通过推动社会主义核心价值观建设，广大农民群众的思想道德素质和精神文化面貌得到了明显提升。比如，宁陵县以婚丧礼俗改革为抓手，破陈规、除陋习、讲文明、树新风，婚丧礼俗改革工作以春风化雨式的全民教育递次推进，逐步把移风易俗树新风的新思想，变为广大人民群众的自觉行动，如今红白事从简办理的意识已深入人心，过去铺张攀比的陈规陋习不见踪影，文明之花遍地绽放。舞阳县辛安镇刘庄村大力推动移风易俗，成立红白理事会，选举德高望重的老党员、老干部、青年志愿者等担任理事会成员，制定红事、白事办理章程，积极倡导喜事新办、丧事简办，村民避免了攀比，也减少了铺张浪费，达到了省心、省事、省钱的效果。2020年11月，刘庄村被中央文明委授予"第六届全国文明村镇"荣誉称号，文明成了该村最美的名片。[①]

（五）党建工作与乡村振兴深度融合，以高质量党建引领乡村全面振兴

全面推进乡村振兴，党建引领是根本。党的二十大报告指出，全面建设社会主义现代化国家，最艰巨最繁重的任务仍然在农村。要坚持

[①] 范海燕：《加强农村精神文明建设　助力推进乡村全面振兴》，《中国乡村振兴》2022年第14期。

大抓基层的鲜明导向，抓党建促乡村振兴。乡村振兴战略的实施离不开党的领导，必须深刻领会乡村振兴战略的重大现实意义，坚持把党建引领作为推动乡村振兴的"红色引擎"。

乡村振兴背景下，一方面，河南省建立起全方位的农村基层党建工作格局，不断扩大农村党组织和工作的有效覆盖。各级党委切实承担起加强农村基层党建工作的责任，在对河南省党建工作情况进行深入调研的基础上，制定了《中共河南省委关于推进全面从严治党的若干意见》，农村基层党建工作有了更加明确的指导。持续为农村选派大量优秀驻村第一书记，为乡村振兴提供了重要的干部人才保障。同时，河南省委在《河南省乡村振兴战略规划（2018—2022年）》中提出要创新党组织的设置方式，注重在农业企业、农民合作社等组织中建立党组织，同时加强对这些党组织的领导和管理。[1]另一方面，因地制宜，科学构建"党建＋"模式。如"党建＋特色产业"，抓项目、抓招商，壮大特色产业，鼓励党支部书记、党员带头创业，为经济发展再添新动能；"党建＋乡风文明"，以"主题党日＋"、村民代表大会等为载体，引导群众破除红白喜事大操大办等陈规陋习；"党建＋人居环境"，建立村庄保洁管理等制度，组织"党员先锋队""新时代文明实践志愿服务队"等群体，进村入户开展宣传教育，实现人居环境整治提升常态化、制度化、规范化。[2]如周口淮阳区坚持把党建工作放在乡村振兴的大局中谋划、部署、落实，突出政治引领、组织引领、服务引领、产业引领、机制引领，充分发挥基层党组织战斗堡垒作用和党员先锋模范作用，促进党建

---

[1] 郭嘉儒：《乡村振兴背景下加强农村基层党建的探索与启示——基于河南农村基层党建实践的考察》，《党政干部论坛》2022年第9期。

[2] 《"党建＋"模式奏响乡村振兴新乐章》，《河南日报》2022年09月22日，第10版。

工作与乡村振兴深度融合、同频共振、互动双赢。杞县按照"党支部＋合作社＋龙头企业＋困难户"模式发展特色产业，通过申请财政衔接资金、流转土地，鼓励党员干部、能人大户大胆尝试。充分发挥党建引领作用，先后成立了巩固拓展脱贫攻坚成果领导小组和蔬菜产业发展办公室，确立了"党建引领、绿色发展、科技支撑、品牌带动"的产业发展思路，出台了乡级产业园区务工奖补办法、产业发展奖补等一系列扶持政策，将人力、物力、财力向蔬菜产业倾斜。[1]

五、河南省全面推进乡村振兴的研究评述

河南省在全面推进乡村振兴、加快建设农业强省中，既要遵循建设农业强国的基本要求和中国特色，也要立足河南实际。2023年3月，《中共河南省委　河南省人民政府关于做好2023年全面推进乡村振兴重点工作的实施意见》，明确统筹推进乡村发展、乡村建设、乡村治理重点工作，推动乡村振兴取得新进展、农业农村现代化迈出新步伐。党的十八大以来，学术界研究和关注河南省全面推进乡村振兴、建设农业强省的思路举措、存在的问题及对策建议等，包括提升粮食安全、乡村产业振兴、巩固拓展脱贫攻坚成果、宜居宜业和美乡村建设以及乡村现代治理水平提升等热点话题。梳理相关研究成果发现，学术界对河南省推进乡村振兴战略、建设农业强省的研究较为丰富，主要集中在河南省乡村振兴战略的重要意义、评价体系构建和影响因素、实践路径等方面。

---

[1] 《河南杞县：党建引领赋能乡村振兴》，《农民日报》2023年05月11日，第04版。

（一）河南省全面推进乡村振兴重要意义

习近平总书记指出："强国必先强农，农强方能国强。没有农业强国就没有整个现代化强国；没有农业农村现代化，社会主义现代化就是不全面的。"[①]加快建设农业强国，必须要以农业大省为载体和主要抓手，加快推进更多农业大省向农业强省转变。河南省是我国农业大省和农村人口大省，也是全面推进乡村振兴的主战场之一。2019年9月，习近平总书记在河南省考察时强调要在乡村振兴中实现农业强省目标，这不仅仅是对河南省农业发展提出的目标，更是给所有农业大省提出来的任务要求。可见，河南省实施乡村振兴战略，是推进农业和农村高质量发展，建设现代农业强省的重要内容和必由之路，意义重大。

建设现代农业强省，是农业转型升级的必然要求，对于加快我国由传统农业大国迈入现代农业强国意义重大。现代农业强省是指在生产经营规模较大和综合产能较高的基础上，农业发展质量和水平达到更高程度的省份，包括农业现代化、农业生产效率、农业产业化程度、农业市场竞争力以及农民收入等方面达到更高水平。农业强省既是一个可以通过省际比较进行判断的相对概念，又是一个应该通过自身动态比较进行衡量的绝对概念，强调的是农业发展的"质"，是一种更注重质量效益和竞争力的"质量型、内涵式"建设过程。[②]现代农业强省的内涵特征，突出表现为产出较高、品质优良、效益显著、绿色安全、结构优化、基

---

① 习近平：《加快建设农业强国，推进农业农村现代化》，《求是》2023年第6期。
② 郭翔宇：《推进农业高质量发展，以农业强省支撑农业强国建设》，《农业经济与管理》2022年第6期。

础设施完善、科技创新先进、组织化程度高、工农城乡协调等。[1] 从河南省的实际情况来看,河南省占全国1/16的耕地生产占全国1/10的粮食,为确保国家粮食等农产品供给安全作出了重要贡献。但同时需要认识到,"三农"问题是制约河南省经济发展的主要原因之一。如何在守住粮食安全底线的基础上,实现农业转型,成为河南省建设农业强省的现实问题。

全面推进乡村振兴、建设农业强省,是中国式现代化重要内容和实践路径。由于地理环境的特殊性,河南省在中国农业发展和粮食生产方面具有传统优势。党的十九大以来,通过实施乡村振兴战略,为河南省农村、农业、农民发展问题的具体解决提供指导,进一步提高农民的生活水平,使其享受到国家经济社会发展的成果。河南省农业农村发展呈现出一系列新特点和新变化,主要表现为现代农业"三大体系"(即产业体系、生产体系和经营体系)建设步伐加快、粮食生产总体向好、农村生态环境显著改善、农村民生持续改善、农村社会文明程度不断提升、乡村治理体系日趋完善。但同时需要注意到,在全面推进乡村振兴过程中,河南省虽然是农业大省,但"大而不强",面临着一系列突出的问题和短板,包括农业产业化、农业综合生产能力、城乡差距、农村基础设施、农村人才队伍建设等各方面。例如侯红昌提出河南省建设现代农业强省面临的现实挑战包括:农业基础设施有待加强,农业结构亟待优化;农产品产业链延展不足,农民持续增收难度大。[2] 刘旸提出河南省面临农业产业体系有待进一步优化、财政支农投入规模偏小、财政支农投入结构

---

[1] 吴海峰:《现代农业强省的内涵特征及建设路径探索》,《农村经济》2017年第11期。

[2] 侯红昌:《在推动乡村振兴中加快现代农业强省建设——以河南省为例》,《山西农经》2022年第24期。

不优、城乡差距仍在拉大、乡村人才队伍亟待发展壮大、县乡财政支持乡村振兴实力不足等方面的困难和问题。[1] 为进一步推进河南省乡村振兴、建设农业强省的相关工作，需要加快提升农业综合生产能力，高质量保障粮食等重要农产品有效供给；加快提高农业现代化水平，增强农业科技和装备支撑能力；大力提高农业生产效率，增强农业国际竞争优势；大力发展农产品加工业，增强农业产业韧性；大力促进农民增收，加快城乡居民收入均衡化进程，[2] 进而探索中国式现代化的方法路径。

（二）河南省乡村振兴评价体系构建和影响因素研究

构建乡村振兴战略评价体系，对于科学衡量乡村振兴的进展和成效具有重要价值，而研究乡村振兴与经济社会其他因素的关系，分析影响乡村振兴的因素，有助于抓住推进乡村振兴的关键点，从而为实践提供启发。

1. 河南省构建了乡村振兴战略评价指标体系

学者们对河南省乡村振兴战略评价体系构建的研究大多是基于乡村振兴的二十字方针要求，如李旭从乡村振兴的产业兴旺、生态宜居、乡风文明、治理有效、生活富裕等五个方面选取相应指标，利用熵权法确定各指标权重，构建乡村振兴发展水平指标体系。[3] 冉慧基于党的十九

---

[1] 刘旸：《全面推进乡村振兴建设现代农业强省的调研与思考》，《河南农业》2021年第21期。

[2] 郭翔宇：《推进农业高质量发展，以农业强省支撑农业强国建设》，《农业经济与管理》2022年第6期。

[3] 李旭：《河南省乡村振兴协调发展的空间格局及影响因素》，《洛阳师范学院学报》2023年第42卷第4期。

大报告中提出的五个维度，从中筛选出了 14 个二级指标，包括农业生产条件、乡村生产效益、机械化综合水平、自然生态宜居、人工生态宜居、社会生态宜居、农村文娱消费水平、文化发展水平、生活保障水平、城乡收入差距、城乡消费差距、农村居民收入水平、农村居民收入结构、农村居民生活质量，以此评价河南省乡村振兴发展水平。[①] 谷建全等立足河南实际，遵循对接国家战略、体现河南特色、指标科学适用三个原则，设置了河南省乡村振兴指标，该指标体系包括 6 个一级指标（产业发展指标、农村生态环境指标、乡风文明指标、社会治理指标、生活质量指标、城乡融合发展指标）和 43 个二级指标，其中体现乡村振兴的结果性核心指标 10 个，体现未来 5 年阶段性工作的过程性指标 33 个。[②]

2. 河南省乡村振兴与经济社会其他因素的关系研究

关于河南省全面推进乡村振兴、建设农业强省的研究，可以扩展到更为宏观的领域，探究其农业农村现代化、城乡融合等问题。城乡融合发展与乡村振兴是互相补充与统一的过程，实施乡村振兴战略必须坚持城乡融合发展原则，不断健全和完善城乡融合发展体制机制。对于河南省而言，亦需要以农业强省建设为支撑促进河南城乡融合区域协调发展。徐轶博从乡村地域功能的角度探析城乡融合和乡村振兴的科学内涵，通过对研究区域的乡村地域功能进行评价，通过分析其生产、生活、生

[①] 冉慧：《河南省乡村振兴评价指标体系构建与分析》，《乡村科技》2021 年第 30 期。

[②] 河南省人民政府发展研究中心"乡村振兴战略研究"课题组，谷建全、刘云等：《河南省乡村振兴指标体系研究》，《农村·农业·农民（B 版）》2018 年第 4 期。

态空间格局特征，在此基础上结合乡村振兴目标对振兴路径进行分析。①梁鹏指出，当前仍存在城乡二元结构矛盾尖锐、城乡间要素自由流动体制机制不健全以及公共服务配置失衡等问题。②针对上述问题，河南省需要制定合理的城乡融合规划，以改革创新为农业强省建设注入强大动力，在扛稳粮食安全重任上有新担当，以乡村产业振兴为突破口全面推进乡村振兴，以恒久之力在农业科技创新上下硬功夫，以更加充足的投入建设高标准农田，加快数字乡村建设，坚持党领导"三农"工作原则，③在城乡协调均衡发展中实现乡村振兴。

进而，学者们探讨了新型城镇化与乡村振兴的关系研究。有学者提出实施乡村振兴战略与推进新型城镇化既不是对立的关系，也并非在侧重点上有所不同，而是你中有我、我中有你，相互补充、相互促进的关系。因而，乡村振兴战略一定要与新型城镇化战略同步实施。④基于河南省的客观省情，城镇化是解决河南省农业、农村、农民问题的重要途径，是推动区域协调发展的有力支撑，是扩大内需和促进产业升级的重要抓手。对于河南省新型城镇化与乡村振兴的关系研究，学者们一方面侧重于对新型城镇化和乡村振兴关系理论解读，提出只有将乡村振兴、新型城镇化、新型工业化进行深度融合发展，以"三农"为基础稳住地

---

① 徐轶博：《城乡融合视角下河南省乡村地域功能评价及振兴路径研究》，《中国农业资源与区划》2021年第42卷第8期。

② 梁鹏：《乡村振兴战略下河南省城乡融合发展路径研究》，《农业经济》2022年第7期。

③ 张占仓：《以农业强省建设为支撑促进河南城乡融合区域协调发展研究》，《区域经济评论》2023年第2期。

④ 蔡昉：《把乡村振兴与新型城镇化同步推进》，《中国乡村发现》2018年第4期。

盘，以工业为动能拓展和延伸产业链，走三者融合发展之路，实现乡村全面振兴，才能推进河南经济社会发展；另一方面侧重于构建发展评价体系。例如张汀汀通过构建 VAR 模型，研究了河南省城镇化和农业现代化之间的发展关系，表明两者之间存在长期均衡关系，城镇化不断推动农业现代化的发展。[1] 马广兴构建了河南省新型城镇化和乡村振兴发展水平评价体系，基于熵值法对 2007—2016 年河南省 17 个地级市新型城镇化和乡村振兴发展水平进行测度和格局演变分析，并通过构建耦合协调度模型对两系统之间的耦合协调关系进行了探讨。基于耦合性分析指出，河南省乡村振兴发展水平总体上落后于新型城镇化发展水平，在一定程度上制约了新型城镇化的发展进程。因此需要针对地区优势，不断优化乡村建设规划，加快乡村振兴发展进程，统筹城乡发展，促进新型城镇化与乡村振兴向更高水平耦合协调阶段过渡。[2] 周广亮等构建评价乡村发展与城镇化的指标体系，从乡村经济、生产、社会三个维度选取 10 个指标衡量乡村发展水平，并从人口、土地、经济、社会四个维度选取 10 个指标用以衡量城镇化水平。对 2006 年、2011 年、2016 年河南省 18 个地级市的乡村和城镇化发展水平指数及耦合协调度进行测度与时空格局分析，并指出乡村振兴在坚持城乡融合发展战略的基础上，仍需从各市自身情况出发实施差异化战略。[3]

---

[1] 张汀汀：《河南省城镇化与农业现代化耦合关系的实证研究》，《农业经济》2017年第7期。

[2] 马广兴：《河南新型城镇化与乡村振兴耦合性分析》，《中国农业资源与区划》2020年第41卷第3期。

[3] 周广亮、吴明、台亚非：《基于乡村振兴视角的乡村发展与城镇化耦合协调时空格局分析——以河南省为例》，《信阳师范学院学报（自然科学版）》2021年第34卷第1期。

还有学者对乡村振兴的具体内容与其关系进行了分析。例如庞艳华构建了河南省乡村旅游与乡村振兴两个子系统指标体系，采用熵值法和加权法评价2010—2016年乡村旅游与乡村振兴发展状况，采用灰色关联度模型定量分析系统内各指标之间的关联度和乡村旅游发展与乡村振兴之间的耦合度。[1]此外，吴新静、李铜山运用系统分析法、熵值法、探索性空间数据分析法、耦合协调模型、定性分析法，探讨了河南省乡村人口—经济—土地系统空间集聚及耦合协调发展规律，为乡村振兴中"人""地""经济"等要素流动提供对策建议，强调从加强乡村振兴人才队伍建设、因地制宜地以特色农业带动当地乡村经济发展、完善农村土地管理制度、加速乡村信息化建设进程等方面促进乡村各要素的融合发展，处理好乡村振兴战略实施过程中各项发展不平衡问题。[2]

（三）河南省推进乡村振兴的实践路径研究

为了河南省乡村振兴、建设农业强省的目标精准推进，学界围绕乡村振兴战略的实践路径，从二十字方针的五个方面对河南省推进乡村振兴战略的现状、存在的问题以及对策建议等进行了分析研究。

1. 河南省乡村产业振兴的路径研究

河南省建设现代农业强省的有利条件包括农业水利化机械化现代化程度较高、新型农业社会化服务体系初具规模、农村集体产权制度改革富有成效、农村社保体系进一步完善、特色生态农业格局基本形

---

[1] 庞艳华：《河南省乡村旅游与乡村振兴耦合关联分析》，《中国农业资源与区划》2019年第40卷第11期。

[2] 吴新静、李铜山：《乡村振兴背景下乡村人口—经济—土地空间集聚及耦合协调发展研究——以河南省为例》，《湖北社会科学》2019年第6期。

成。①如何因地制宜利用好这些有利条件，是河南省建设现代农业强省的关键所在。学者们提出要从粮食安全、农业现代化、乡村产业发展等方面加以推进。

其一，粮食安全的实践路径研究。推动粮食产业高质量发展，确保谷物基本自给、口粮绝对安全是实现农业全面高质量发展进而实现乡村振兴的基础。乡村振兴战略背景下推动粮食产业高质量发展不仅需要贯彻新发展理念，突出以推进粮食供给侧结构性改革为主线的要求，而且要增强种粮农民参与乡村振兴的能力。河南省在推进粮食产业高质量发展实践过程中发展出了循环经济模式、全产业链模式和三产融合模式，②但同时，河南省粮食产业高质量发展中也面临着一些困境，包括粮食产业政策不够精准、各主体生产粮食的积极性降低。需要构建企业、合作社、种粮大户、家庭农场、农业社会化服务组织等的粮食产业化联合体，同时调整粮食结构，严守耕地红线，提高土地利用率，合理配置资源，科学应对原材料价格上涨问题，吸引人才，加强科技创新等。

与粮食安全密切相关的还有食品安全问题。张新友提出加速农业结构调整、生产优质农产品、拉长产业链条、培育食品产业是解决"三农"问题的现实选择。通过对河南省食品安全的研究，他指出影响农产品质量安全水平的制约因素包括几个方面：组织化程度低，产销严重脱节；体制不顺，监督乏力；认识不足，宣传不到位；标准、检测与认证体系薄弱，规范难度大；等等。为了突破这些困境，需把科技的理念、

---

① 雷超凡、李铜山：《论河南省建设现代农业强省的有利条件》，《现代商贸工业》2018年第29期。

② 上官彩霞、郑国清、张伟等：《乡村振兴战略背景下我国粮食产业高质量发展模式及政策需求——以粮食主产区河南省为例》，《农业经济》2020年第4期。

产业的理念和区域的理念融入到食品安全问题之中，才能做大做强河南的食品产业。①

其二，农业现代化实践路径研究。建设农业强省，其基本要求是实现农业现代化。为衡量河南省农业现代化水平，学者们构建了农业现代化评价指标。例如范况生从经济发展水平、农业科技发展水平、农民生活水平和农业生态化水平四个方面构建了河南省农业现代化水平评价指标。②张香玲等从农业投入水平、农业生产力水平、农村经济发展水平、农业生态良性化水平四个方面构建评价指标体系。③闫芳等基于产业融合视角对河南省农业现代化发展水平进行评测，构建产业融合视角下的农业现代化评价指标体系，通过熵值法测算其农业现代化发展水平，采用全局Moran's I 指数分析其空间自相关性，由此探索河南省农业现代化的空间格局特征。研究发现，河南省农业现代化水平呈正的空间自相关，以河南省17个地级市为单元的农业现代化水平呈现出较强的空间集聚特征。④鲁春阳等构建了包括农业投入水平、农业信息化水平、农业产出水平、农业产业化水平和农业可持续发展水平等的综合评价指标体系，采用改进TOPSIS法进行农业现代化发展水平测度，评价了河

---

① 张新友：《关于加快河南省安全食品发展的思考》，《河南农业科学》2005年第4期。
② 范况生：《河南省农业现代化水平综合评价及推进对策研究》，《湖北农业科学》2015年第1期。
③ 张香玲、李小建、朱纪广等：《河南省农业现代化发展水平空间分异研究》，《地域研究与开发》2017年第36卷第3期。
④ 闫芳、黄明华、刘继鹏：《河南省农业现代化发展的空间格局研究》，《中国农业资源与区划》2021年第42卷第3期。

南省的农业现代化水平。①

实现农业现代化，发展智慧农业、健全新型农业社会化服务、发展农产品物流等也都是有效路径之一。首先，智慧农业是农业现代化的表现，是依托数字技术和大数据，实现农业全产业链的精准化和智能化为目标的农业高级形式。周楠楠对河南智慧农业的现状、存在的问题以及对策建议进行了探讨。河南省智慧农业的作物种植信息化程度不断提升，智慧化温室农业普及程度不断提高，信息服务系统智能化水平不断提高。但同时，需要认识到河南省智慧农业仍然处于起步阶段，难免存在一些问题，例如研发与建设资金匮乏、复合型农业人才不足、现代信息技术应用水平有待提高等问题。为此，必须整合并规划建设研发资金、加快信息化建设及应用、大力培育高素质复合型人才等举措助力智慧农业的健康全面发展。其次，新型农业社会化服务体系能够有效协调组合资本、劳动力、先进技术以及土地等农业要素，有利于促进城乡要素融合发展，是农业发展新动能的助推器。②当前河南省农业社会化服务体系的组织类型主要包括四类：一是以政府为主体的公益性服务组织，主要提供农业信息、农业技术推广、农产品质量与安全检测以及农村环境生态和能源改造等服务；二是以农机局和供销社为主体的经营性服务组织，服务范围包括农资、农家超市、农作物病虫害防治和农机作业服务等；三是工商注册过的专业合作社，主要是各类农民专业合作经济组织，具体有科技和农业部门扶持培育的农民经纪人队伍以及各种农业技术服

---

① 鲁春阳、文枫、张宏敏等：《基于改进TOPSIS法的河南省农业现代化发展水平评价》，《中国农业资源与区划》2020年第41卷第1期。
② 周楠楠：《乡村振兴背景下河南省智慧农业发展优化路径研究》，《农业经济》2022年第10期。

务协会；四是各类农村金融服务组织。① 最后是农产品物流，王维娜研究了河南省农产品物流整合发展的困境，并从优化农产品物流整合结构组织、充分整合农村物流资源体系、恰当选择物流的服务领域、实现农产品物流整合的人才培养、采取差异化物流服务发展策略等方面，分析乡村振兴背景下河南省农产品物流整合发展效率的提升路径。②

其三，乡村产业发展的实践路径研究。乡村振兴需要产业发展的带动，只有产业兴旺，农业才能全面升级，农村才能全面发展。因此，围绕乡村振兴战略开展多环节调研和因地制宜地甄选、培育，依托本地特色和优势逐步形成一二三产业融合发展的新格局，是乡村产业发展的关键。河南省农村产业融合过程中存在产业链不完善、公共服务体系不健全、发展规划不合理等问题。③ 为进一步解决乡村产业发展实践困境，李俊等提出要从优化农业生产要素组合、强化农业产业技术体系建设、提升农业科技创新水平三个方面，提高农业生产中科技要素贡献率。④ 张曦提出要加强农村金融制度建设、加强涉农金融知识的教育宣传、积极推进金融服务体系的改革完善、依托金融服务推进乡村各项事务的协

---

① 曹亚景：《乡村振兴背景下河南省新型农业社会化服务体系发展研究》，《农业经济》2021年第10期。

② 王维娜：《乡村振兴背景下河南省农产品物流整合发展效率提升》，《食品研究与开发》2022年第43卷第14期。

③ 王亚婵：《乡村振兴战略下河南省农村产业融合问题研究》，《农业经济》2022年第3期。

④ 李俊、郑茜、高军波：《乡村振兴背景下河南省农业科技要素贡献率的时空演变研究》，《信阳师范学院学报（自然科学版）》2021年第34卷第4期。

同发展等途径，助力河南省乡村振兴、实现农村经济高质量发展。① 刘端、李伟提出应坚持以农为本打造特色产业，牢固乡村振兴基础，坚持协调带动推进特色产业，提升乡村振兴优势，坚持融合发展升级特色产业，孕育乡村振兴动能。同时，综合考虑乡村振兴和农村产业融合的价值选择定位和内在联系，制定两者之间协调联动的最优路径和发展方向，是挖掘和开发农村价值、促进城乡发展一体化的内在要求。② 此外，曾迎霄从自然条件优越和产业化发展迅速两个角度分析了河南省民营畜牧企业发展现状，指出河南省民营畜牧企业高质量发展兼具政策优势和科学技术优势，并提出从风险抵御能力、畜产品质量安全、高水平生产和管理人才、民营企业融资四个方面实现高质量发展。③

2. 河南省乡村生态振兴的路径研究

生态振兴是乡村振兴的内在要求：一方面，要求通过建设适应现代生活、体现乡土风貌、山清水秀、天蓝地绿的美丽乡村；另一方面，要坚持绿色发展理念，推进乡村自然资源加快增值，实现绿水青山与金山银山相得益彰。对于河南省生态振兴的研究，也主要是从这两个方面展开。

首先，关于农村生态环境卫生的改善途径。刘春霞在实地调研数据的基础上，全面分析了乡村振兴背景下河南省农村人居环境整治的现

---

① 张曦：《金融助推河南省乡村振兴的困境及对策研究》，《农业经济》2021年第12期。

② 刘端、李伟：《特色产业助力河南省乡村振兴战略的实施》，《中国农业资源与区划》2022年第43卷第1期。

③ 曾迎霄：《河南省民营畜牧企业高质量发展研究——基于乡村振兴背景》，《农业经济》2022年第5期。

状、村民满意度及存在的问题，指出：要发展乡村产业，壮大集体经济；统一规划村庄，整改村容村貌；集约利用公有资金，加大基础设施建设；加大宣传教育，提高村民整体素质，以改善村庄的人居环境。[1]霍伟提出要从推动农业清洁生产、乡村污染治理、乡村人才支撑和弘扬中原文化等方面加强生态文明建设。[2]

其次，关于绿色发展的实践路径。一些学者构建了河南省农业生态综合评价指标体系。例如张沛、梁鑫从生态环境、经济发展、公共服务、政府投入四个方面构建了乡村绿色发展评价指标体系（主要包括资源环境、生态保护、产业结构、生活水平、设施建设、绿色投资6个一级指标和17个二级指标），并综合运用大数据及地理信息系统（GIS）空间分析技术针对河南四大山区县域乡村绿色发展进行研究。[3]康志林、邵瑞鑫采用DEA-SBM模型、熵值法和耦合协调度模型，从农业生态效率、经济条件、资源条件、环境条件四个方面分析河南省农业生态综合发展水平，探究农业生态效率与经济条件、资源条件和环境条件之间的耦合发展关系。[4]还有一些学者关注更为具体的乡村旅游发展。乡村旅游业的发展作为生态与产业的结合体，在乡村振兴战略实施过程中，为乡村经济发展注入了新活力。发展乡村旅游产业，为农村地区推进乡

---

[1] 刘春霞：《河南省农村地区人居环境治理：问题与对策——基于乡村振兴背景》，《农业经济》2022年第5期。

[2] 霍伟：《生态文明建设助力河南乡村振兴》，《环境工程》2023年第41卷第3期。

[3] 张沛、梁鑫：《河南省山区县域乡村绿色发展水平评价及提升对策研究》，《工业建筑》2020年第50卷第7期。

[4] 康志林、邵瑞鑫：《基于乡村振兴的河南省农业生态综合评价研究》，《中国农业资源与区划》2020年第41卷第12期。

村振兴、带动农村产业优化升级以及实现乡村可持续发展奠定了坚实的基础，并且乡村旅游产业符合乡村振兴战略中生态宜居的要求，也有助于推进农村城镇化建设，促进城乡一体化发展。王伟等以河南省旅游专业村为例，对不同类型旅游专业村的时空演变特征展开研究，将河南省旅游专业村划分为交通区位优势型、市场区位优势型、资源区位优势型和经济区位优势型四种。[1] 孙双利针对河南省乡村旅游业发展过程中存在的旅游开发不当、传统乡土受到冲击、基础设施不健全等问题，提出了促进河南省乡村旅游业发展的针对性建议：开发差异化的特色旅游产品、加强乡土文化的保护与传承、完善基础设施建设，在乡村振兴的大环境下发展乡村旅游业，要坚持贯彻人与自然和谐共生的价值理念，实现经济效益与生态效益的统一。[2]

3. 河南省乡村文化振兴的实践路径研究

文化振兴是乡村振兴战略的重要内容，是丰富农民精神文化需求的有效路径。在乡村社会现代化转型过程中，人口资源外流加速，文化传承主体、机制和动力缺少，文化发展动力不足，直接影响农民的文化生活、公共秩序及社会联结，因此文化振兴势在必行。学者们对河南省乡村文化振兴的研究主要关注公共文化服务体系的建设以及文化振兴的主体和力量等方面。一方面，关注河南省公共文化服务体系的建设。实施乡村文化振兴，是全面建设社会主义现代化强省的重大历史任务，是新时代做好乡村精神文明建设的总抓手。任益探讨了公共文化服务体系

---

[1] 王伟、乔家君、马玉玲等：《不同类型旅游专业村时空演变及发展方略——基于河南省旅游专业村数据的研究》，《经济经纬》2020年第37卷第5期。

[2] 孙双利：《乡村振兴背景下河南省乡村旅游业发展研究》，《农业经济》2021年第9期。

建设在河南省重大战略规划中的作用与价值，并提出在乡村振兴战略大背景下，公共文化服务体系建设需要从思想引领、文化氛围和人才培养入手，继续推进数字文化下沉，持续开展对基层综合性文化服务中心的数字化建设，继续加大文化志愿服务乡村行的执行力度。① 另一方面，从文化振兴的主体和力量方面进行的研究，例如刘涛强调从乡村实际、文化特性和人口结构来看，老年人群体及其组织化是文化振兴的有效方式之一。老年人作为乡村社会的坚守者，利益关系和社会关系在乡村，他们关心村庄发展和文化建设，是乡村振兴的重要依靠力量，也是应对乡村文化转型之困的重要主体。②

4. 河南省乡村人才振兴的实践路径研究

实施乡村振兴战略，破解人才瓶颈制约，强化乡村人才支撑，必须把人力资本开发放在首要位置。关于河南省乡村人才振兴的研究，关注到了乡村所需的多方人才，包括农民主体、农民工以及农业科技人才等。

一是关于发挥农民主体对乡村振兴的作用。对于乡村振兴的主体——农民来说，提升素质是推进乡村振兴的重要环节。郑辉提出，现代职业农民具有文化程度高、生产技术水平强、有市场经济意识、有企业经营意识、社会责任感强等特征，要从目标体系、结构体系、教学体系和管理体系入手，加强农民职业教育体系建设，为乡村振兴和经济发

---

① 任益：《探讨公共文化服务体系建设在河南省重大战略规划中的作用与价值》，《河南图书馆学刊》2022年第2期。

② 刘涛：《"十四五"时期乡村文化振兴的主体、机制及图景——基于河南省M村老年人文化协会的考察》，《河南社会科学》2023年第31卷第4期。

展提供源源不断的农民职业技能人才。①

二是关于返乡创业农民工对乡村振兴的作用。乡村振兴战略的有效推进，为广大农民工群体提供了在家乡发展的新机遇。首先，国家对土地制度的改革，大大提高了土地利用效率，盘活了农村闲置土地，为返乡创业人员带来了便利；其次，随着乡村振兴战略的实施，国家在财政、金融以及税收等多方面加大了对"三农"的支持与优惠，出台了相关激励政策引导更多社会资本流入涉农领域；再次，伴随着乡村振兴战略的有效推进，各地区进行了大量的探索，建立了许多促进乡村经济发展的服务平台和产业园区，这些园区为返乡农民工创业提供更加优质和高效的公共服务。而河南省农民工返乡创业的路径主要包括了经验创业型、小商小户型、就地取材型和产业集群型四种。②许家伟、张文怡基于河南省孟津县调查了返乡创业与乡村振兴的内在逻辑、路径选择和耦合机理，认为返乡创业在助推乡村振兴中具有扭转乡村"空心化"局面、缓解农村人才流失问题和提高土地利用效率的内在逻辑。返乡创业可从发力平台建设、政策资金扶持、提升培训技能和发挥示范引领四个方面进行推进；返乡创业通过聚力产业、人力、文化、生态、组织"五个振兴"发挥作用。③

三是关于农业科技人才对乡村振兴的作用。农业科技人才是乡村

---

① 郑辉：《乡村振兴战略下河南省农民职业教育体系建设研究》，《宏观经济管理》2018年第6期。

② 张帆：《乡村振兴背景下河南省农民工返乡创业路径研究》，《农业经济》2021年第8期。

③ 许家伟、张文怡：《返乡创业助推乡村振兴作用机理研究——基于河南省孟津县的调查》，《企业经济》2021年第40卷第7期。

人才振兴中的重要组成部分，对于农业科技人才培训，成为乡村人力资本开发与增值的重要法宝，这不仅事关农业科技人才的职业发展，而且影响乡村振兴战略的顺利实施。杨月坤、查椰从计划行为理论出发，利用农业科技人才调查数据，采用结构方程模型，分析了河南省农业科技人才参与培训意愿和行为，研究行为态度、主观规范、知觉行为控制与农业科技人才参与培训意愿和参与培训行为之间的具体影响关系。建议政府从注重政策引导、营造培训氛围，关注培训需求、促进职业发展，加大经费投入、完善体制机制等方面提高农业科技人才的参与培训意愿，引导农业科技人才积极参与培训行为。[1]

5. 河南省乡村组织振兴的实践路径研究

在乡村组织振兴方面，学者们主要从自治、法治、德治"三治融合"与内生动力两个角度进行探讨。

首先是关于"三治融合"的发展路径，以党建引领，通过乡村自治、法治、德治"三治融合"达到乡村善治是中国特色社会主义乡村振兴道路之一。王丽敏提出，乡村"三治融合"要以党建的高质量推动乡村发展、乡村治理的高质量，要依靠农民这一主体力量，大力发展乡村教育，加强农民教育。[2] 同时，完善乡村治理体系，须加快推动城乡一体化发展，深入调查学习借鉴先进地区关于乡村"三治融合"的实践经验。

其次是关于内生动力的路径。陈军民基于可行能力理论构建乡村振兴内生动力的评价体系，采用熵权TOPSIS法对河南省17个省辖市

---

[1] 杨月坤、查椰：《乡村振兴背景下农业科技人才参与培训行为影响因素研究——以河南省为例》，《农业现代化研究》2021年第42卷第4期。

[2] 王丽敏：《乡村振兴战略视域下乡村自治、法治、德治"三治融合"的实践探索——基于河南省先进村镇的实证分析》，《领导科学》2019年第14期。

426个样本村的内生能力进行测算，并以测算的样本村内生能力为响应变量，构建多元Tobit回归模型，检验农村社会网络结构密度、关系网络规模、网络结构洞、弱纽带强度等因素对乡村振兴内生能力的影响。陈军民进一步指出，河南省乡村整体存在内生发展能力较低、区域间及区域内部各城市之间发展不平衡等问题。为此提出以下建议：重视区域内外乡村之间发展的不平衡、不充分，根据内生能力指数分类、分层次、差别化、按梯度推进乡村建设，并从村集体经济能力、政治参与能力、透明性保障能力、获取社会机会能力、安全保障能力等5个方面提升乡村内生能力，着力补齐发展的短板；通过政策引导，为农村先富阶层、乡贤、返乡创业者等权威精英参与乡村建设提供市场机会，激活各个参与主体的能动性；进一步优化村干部的"选拔、培育、管理"机制，不断加强农村后备干部队伍建设，提高村干部带领群众发展集体经济的本领等。①

（四）学术界关于河南省全面推进乡村振兴研究述评

从研究梳理情况看，学者们对河南省全面推进乡村振兴的研究总体呈上升趋势，且涉及了多学科、多视角，方法上包括案例研究与量化研究，内容上涵盖了对河南省乡村振兴的各方面，包括乡村的产业、人才、生态、组织、文化等。但当前研究仍然存在一些薄弱环节，例如对河南省乡村振兴的研究多关注微观视角，对于宏观层面乡村振兴的战略目标、逻辑体系、现实困境和改善路径方面的研究略显不足。一些研究

---

① 陈军民：《乡村振兴的内生能力测算及其影响因素——基于河南省17个省辖市的乡村调查》，《江苏农业科学》2021年第49卷第21期。

多停留在现状、问题和路径的分析，缺少对内在机制的研究，且研究内容存在分布不均衡的情况，对于一些热点问题研究较多，例如产业振兴方面，而对于文化振兴等的研究关注度不足。

未来，关于河南省全面推进乡村振兴、建设农业强省研究需要加强研究的整体性、区域性、深入性。一是加强整体研究。既要深入农村调查，直面农业、农村真实情况，收集第一手资料，在此基础上开展更加科学、更具价值的研究。也要采用多学科交叉法，不同学科的学者可以开展合作研究，发挥各自优势，打破学科壁垒，从多学科的角度深入探究河南省乡村振兴战略的相关问题，同时关注一些较为"冷门"但又极为重要的主题。二是提高研究区域性特征。一方面，需要关注河南省在全国范围内的独特性；另一方面，也要加强对于河南省省内重点区域、特殊群体的研究，提升研究的针对性。三是在研究深入性上下功夫。突破现状、问题和路径的分析逻辑，探究河南省推进乡村振兴背后的机制分析，在为地方乡村振兴实践提供借鉴的同时，丰富乡村振兴理论有关研究。

总之，河南省全面推进乡村振兴、建设农业强省是一个复杂漫长的过程，需要各方面的共同努力和支持。从相关文献梳理、分析情况看，学术界关于河南省全面推进乡村振兴的相关研究，对于社会各界，特别是河南省各级有关部门、广大干部更客观、深入认识河南省全面推进乡村振兴的实践创新具有重要的参考和借鉴价值。

第四章

豫东南发展县域经济促进乡村振兴的创新实践

河南省内各地资源禀赋和发展基础存在较大差异，传统的经济发达区域位于豫西和豫北地区，自然矿产资源丰富。商丘、周口、驻马店、信阳四市位于河南省东南区域，是河南省乃至我国最为典型的农业核心区。豫东南以农业为主，是我国的粮食主产区，历史上也一直都是经济欠发达地区，工业基础薄弱。作为河南省与长三角等东部沿海地带对接的地理前沿，近年来，豫东南经济发展迎来了重大发展机遇。借助本地劳动力、土地资源等优势，加速形成轻工产业带，豫东南将逐渐成为河南经济发展的重点和重要增长极，显出明显的后发优势。本章聚焦县域经济与乡村振兴，选取豫东南的淮滨、平舆、西华、睢县四县开展实地调研、文献调研和访谈调研，并以此为基础，逐一分析这四个县发展县域经济促进乡村振兴的做法成效，总结实践形成的启示，就豫东南区域如何发展县域经济促进乡村振兴进行了深入思考，提出相关建议。

一、豫东南区域的共性特征——基于淮滨、平舆、西华、睢县四县的分析

区位优势显著。在河南省域内，豫东南地区更接近我国经济发达的东南沿海地区，随着豫东南交通基础设施的逐步完善并与东南沿海互

联互通，更容易受到长三角经济产业辐射的带动，在产业转移方面，有得天独厚的区位优势。豫东南地区，都是人口大市，当经济发展到一定阶段后，利用各城市的人口红利，通过拉动消费促进生产制造业、商贸和物流业的繁荣发展，这是区域经济发展的普遍规律。

农业占据重要地位。河南是全国农业大省和农村人口大省，农产品资源丰富，农村劳动力充足，发展农产品加工业具有得天独厚的条件。豫东南四县承担着国家粮食生产核心区的重要使命，为传统的国家产粮大县。农业在其县域经济的产业结构中，始终占据着重要地位。因此，立足丰富的农产品资源和人力资源优势，大力发展粮、油、果、畜、药材加工业，大力扶持农业产业化龙头企业，使各地的资源优势转化为经济优势，成为这一区域经济发展的优先选择。

产业集聚式发展。促进产业集聚式发展是河南工业发展的突出特点。通过积极引导县域企业、产业向产业集聚区聚集，通过产业链发展、专业化分工协作，在县域范围内实现产业的规模和集聚效应。随着东部沿海向内地的产业转移，豫东南四县形成了特色鲜明的产业集群，淮滨纺织、平舆户外、西华电子、睢县制鞋等各具特色的轻工产业集群，发挥了产业集聚区的载体作用，引导鼓励由引进单个项目向引进产业链提升，积极承接沿海发达地区产业转移。

综合分析，豫东南片区中四县的县域经济发展呈现以下特点：

1. 城镇化进程加速推进。从全国范围来看，2021年，河南全省常住人口城镇化率由2012年的41.99%提高到2021年的56.45%，豫东南四个县城镇化水平也在稳步提升，但低于河南省的平均水平。一方面城镇化率稳步提升，农业转移人口落户通道更加畅通；另一方面也说明豫东南四县城镇化发展空间还很大，这也将是未来一个时期豫东经济发展的巨大潜力和重要动能所在。

2. 经济体量明显提升。豫东南四县地处边缘，但发展各具特色，逐渐成为河南更高质量发展的关键节点。从经济总量上看，豫东南周口、商丘、驻马店、信阳四市的经济体量分别由2010年的千亿量级增长至2022年的超三千亿量级，形成经济规模总量超1.3万亿元的经济带。对比2022年县域GDP，平舆、西华、淮滨、睢县和2021年相比在全省均有明显进步。

3. 以发展优势产业为主导推进产业结构优化升级。坚持发展先进制造业和壮大现代服务业并举，培育战略性新兴产业和改造提升传统产业并行，着力推进企业智能化改造、绿色化改造、技术改造，加快集聚集约集群发展。从经济结构上看，对比2011年数据，淮滨、平舆、西华、睢县四县一二三产业比逐渐优化，经济发展质量显著提高。

二、发展县域经济促进乡村振兴的做法与经验、挑战与应对、思考与启示

（一）商丘市睢县

睢县位于河南省中东部，商丘市最西部，有"中原水城"的美誉。县域总面积926平方公里，下辖8镇2街道10乡、1个省级高新区、1个乡村振兴示范区，545个行政村。2021年常住人口71.22万人，其中脱贫人口96976人，曾为国家扶贫开发工作重点县、革命老区县，是河南省历史文化名城、国家商品粮生产基地、重要的制鞋产业基地、电子信息产业基地，商丘实施东引西进战略的重要支点城市，东部沿海发达地区向中西部地区产业转移的桥头堡。

睢县通过学习"晋江经验",抢抓产业转移机遇,"敢想、敢闯、敢试、敢做"发展工业经济,实现制鞋和电子信息产业从无到有、从优到强跨越式发展,探索出一条传统农区推动县域科学发展的新路子,实现了从传统农业小县向工业强县的转变。全县生产总值从 2012 年的 114.5 亿元增长到 2022 年的 260.8 亿元,一般预算收入达 12.2 亿元,增长 295%。2021 年,全县城镇居民人均可支配收入、农民人均收入分别为 32670 元、14234 元,城乡收入差距比为 2.3∶1。2021 年,睢县县委被授予"全国脱贫攻坚先进集体"并成功创建"河南省县域治理'三起来'示范县",2022 年 3 月被授予"河南省民营经济示范城市试点"。连续两任县委书记被授予"全国优秀县委书记"荣誉称号。

1. 做法与经验

一是规划引领"建链"。睢县将电子信息和制鞋产业作为全县的两大主导产业,着力打造"中原鞋都""中原电子信息产业基地"。十年前,睢县制定了从承接产业转移入手大力发展县域工业实体经济主导产业的新思路,把目标定位沿海,聚焦福建,学习晋江,打造内陆城市学习晋江的"睢县样板"。2012 年提出"一年打基础,三年上规模,五年成基地,十年创鞋都"的发展目标,把制鞋产业作为主导产业精心培育。2013 年以来,紧抓深圳等地电子信息产业转移机遇,把电子信息产业纳入睢县未来主导产业,融入郑州航空港区"1 小时经济圈"。同时以"三大改造"为引领,推动酒业、纸业、木业、食品业等传统优势产业改造提升,发展多元化的实体经济。

二是开放招商"延链"。抢抓闽粤制鞋产业西移、温州台州产业转型升级、雄安新区建设三次重大机遇,锁定品牌十强企业、上市企业等龙头企业,开展小分队招商、领导招商、亲情招商、以商招商、产业链招商。统筹招引龙头企业和配套企业，引进一批知名整鞋生产企业和关联、配套企业，引进多个智能手机元器件及多种设备制造企业。打造45万平方米的雄安新区制鞋产业园和20万平方米的三台制鞋产业园，承接60余家企业整体"拎包入驻"。2021年，全县制鞋及鞋材配套企业596家，年产值155亿元，休闲运动鞋占国内产量的30%，本地配套能力达到90%以上。电子信息企业发展到27家，年产能突破3亿件，2021年实现产值77亿元。

三是聚能升级"强链"。建设智能车间和工厂，实现生产换线、设备换芯、机器换人，并建成省级鞋类产品质量监督检验中心、工业设计中心和展示中心，打造集双创、研发、检测、培训于一体的公共服务平台。深化产学研合作，与中国轻工业联合会、中国皮革协会、四川大学等建立深度合作关系，加强科技攻关、成果转化和人才引进培养，成功创建河南省可持续发展实验区、省科技企业孵化器，为企业创新发展提供基础保障。建成一批省级工程技术研发中心、国家高新技术企业、国家和省级科技型中小企业，成功创建省可持续发展试验区、省科技企业孵化器。

四是做优服务"补链"。实行重点项目建设周例会制度，按照"一个项目一名县级领导牵头、一个单位负责、一套班子推进、一站式办公、一抓到底"工作法，落实支持民营经济发展的各项政策措施，设立企业还贷周转金和风险补偿金，为企业贷款提供增信支持，出让全省首宗工业用地"标准地"。深化"放管服效"改革，推行产业集聚区"管委会＋公司"模式改革，深化"一网通办"下"最多跑一次"改革，实现政务服务"一网、一门、一次"。深入开展"万人助万企""百企帮百村""人人持证、技能河南"招工和培训等活动，选优配强"企业首席服务员",优化升级服务模式,以"睢县服务"成就"睢县速度"。

2. 挑战与应对

尽管睢县发展在县域经济促进乡村振兴进展成效显著,但在实践中也面临诸多挑战,需要客观认识、科学应对。

一是县域经济总量和全省水平相比仍有差距,城镇化水平仍需提高。由于睢县经济底子较薄、发展起步较晚,和全省脱贫县的平均水平相比仍存在一定差距。因此,需要充分发挥县域的后发优势,在保持现有发展势头的基础上加速追赶,促进县域经济跨越式发展。同时,进一步释放新型城镇化的潜力,增强县城、重点乡镇和产业园区的产业和人口集聚能力,提升人口城镇化率,提升城乡基础设施和公共服务供给效率。

二是主导产业转型升级面临压力,品牌效应还需强化。睢县制鞋产业虽占县域经济总产值的59%,但仍以代加工为主,处于产业链相对低端的环节,受市场端的影响较大。因此,还需进一步延伸产业链条,在研发、设计、智能柔性制造、智能装备、市场营销、人才培养、文化传播等方面发力,加大技术创新投入,在产业细分领域做精做深做细,提高产品的科技含量和附加值。同时,政府继续做好引导和服务,着力打造市场化法治化国际化营商环境,加大对外开放和区域协作力度,加快融入"双循环"发展格局,强化区域品牌效应,擦亮县域特色品牌。

三是乡村产业发展水平有待进一步提高,县域经济内生动力有待增强。制鞋业、电子信息产业均属于"候鸟经济",一旦低成本的比较优势丧失,相关企业将面临发展危机。因此,在进一步做大做强两个主导产业、培育企业核心竞争力的基础上,要进一步挖掘县域本身,尤其是乡村地区的特色资源禀赋,培育壮大绿色经济、文化经济和特色产业,优化县域产业结构,让乡村产业成为县域经济发展的新动能。

四是联农带农机制有待完善，就业渠道有待进一步拓展。制鞋产业属于劳动密集型产业，企业的人工成本是影响生产效益的重要因素。睢县的城乡收入差距较小，相关企业带动了10万余人实现就近就业，为农民工资性收入的增长提供了重要支撑。目前，我国制鞋业正处于升级换代、"机器换人"的发展阶段，和解决县域内就业存在一定的矛盾。因此，还需探索劳动密集型产业下沉村镇的有效途径，建立农民增收长效机制，多种方式拓宽农民就业增收渠道。同时，进一步支持返乡入乡人员创新创业，并在资金、技术、信贷等方面予以支持。

3. 思考与启示

基于睢县发展县域经济促进乡村振兴的调查、分析，有以下思考和启示。

一是文化引路"无中生有"。睢县并没有深厚的产业基础，制定"中原鞋都"发展战略，发展制鞋产业，一方面是紧抓国内产业转移机遇背景下的"无中生有"，另一方面是来自城市的"运动基因"。睢县有崇尚体育运动的良好传统，全民健身运动开展得有声有色，水上运动尤为突出，是河南省水上运动训练基地。早在1994年就成功举办了河南省皮划艇锦标赛，连续成功举办多项国家级和省级赛事，被国家体育总局定为"全国体育竞赛最佳赛区""铁人三项专用赛场"。睢县通过大量调查研究并结合多次承办大型体育赛事的经验发现，被称为"候鸟经济"的制鞋产业，在浙江、福建、广东、重庆、成都、河北等地均有集中度较高的产业布局，而在中原地区却没有成形的鞋业生产基地。紧盯这一机遇，睢县确立了制鞋业中的运动休闲鞋作为主导产业，2013年印发《关于加快建设中原制鞋基地的思考与建议》，从六个方面对睢县发展制鞋业进行了可行性分析。结果显示，睢县发展制鞋业顺承产业转移的"天时"，拥有东西交会的"地利"，具备劳动力资源的"人和"。2013年7月，睢县注册"中原鞋都"系列商标。从此，睢县紧抓产业转移机遇，陆续承接全国各地产业转移，成功打破了中国制鞋行业的原有格局。睢县经验启示我们，发展县域经济，要厚植地域发展的文化基因，从劳动人民的生产生活中挖掘特色，找到助力产业发展的契机，为壮大县域经济开辟新路径。

二是跳出县域、借势借力。河南省委明确指出：新发展格局下的县域经济，不是以县域行政区划为范围搞内循环的经济模式，而是以统一市场为背景，全面参与市场分工，深度融入国内大循环、国内国际双循环，在细分市场中找到产品定位，并形成一定规模和集群，有较高的科技含量、较高的市场份额，成为一个或几个产业链的某一环，成为一个或几个供应链的供应商，成为当地经济、就业、税收支柱支撑的新型经济模式。从2011年开始，睢县决定走"跳出睢县、放眼全国"的发展思路，研究制鞋业发展趋势和产业转移形势，在起步晚、基础差的条件下，盯准休闲运动鞋"一双鞋"下功夫，取得了"差异化"发展的巨大成功。同时，在资源不足的条件下，借助穿境而过的商登高速建设优势，融入郑州航空港"1小时经济圈"，盯准郑州航空港区电子信息产业做配套。如今，睢县的电子信息产业在国内掌上智能设备制造配套领域赢得了举足轻重的地位。睢县经验启示我们，在新发展阶段背景下推动县域经济高质量发展，必须打破空间局限，跳出县域"一亩三分地"，以开放创新推动经济升级。要在全省、全国乃至全球更大范围内去配置资源，牢牢抓住促进中部地区崛起、黄河流域生态保护和高质量发展、城市群和都市圈建设等重大战略机遇，借势借力发展。

三是延链集群、联动发展。鞋子制造过程最多需要300多道工序，完善的配套产业链条是制鞋产业发展的基础。睢县针对制鞋产业，招商注重吸引上下游配套企业入驻，坚持缺啥补啥、缺啥招啥，从制鞋需求的主料真皮、皮革、布料，到鞋垫、里布、海绵，乃至鞋机配件、鞋扣、鞋带、缝纫针等，先后引进多家配套关联企业，不断提升本地制鞋配套能力。如今，睢县已实现单个企业生产到全链条配套、单纯鞋业加工到自主品牌研发创新的重大转变，成为了仅次于晋江的全国最具竞争力休闲运动鞋生产基地。睢县的实践启示我们，抓县域产业发展的关键是要集群成链、延链扩群、链群联动、催生发展。园区招引配套关联企业项目，上下游企业在县域集聚，能够显著提高资源配置效率，降低企业成本，推进专业化协作，促进产业纵向连接、横向配套、上下游联动，提升集群化水平。

　　四是链条下沉、产业富民。睢县以制鞋、电子信息两大主导产业为依托，向村级延伸，因地制宜在村庄建立各类扶贫车间，同时衍生出适合在农村发展的加工、手工工艺等特色产业，有效解决村级产业发展、巩固脱贫成果、村集体经济收入和"三留守"人员就业等问题，让群众在家门口就业，实现了转移就业一人、全家脱贫的良好效果。睢县经验启示我们，围绕县域主导产业，支持企业将一些劳动密集型产业的初加工环节下沉到有条件的村，在原有扶贫车间基础上建设乡村振兴微工厂、乡村振兴车间，既能盘活乡村闲置资源，壮大农村集体经济，又能让群众实现"务农、顾家、挣钱"三不误，同时让企业实现了降本增效，成为巩固拓展脱贫攻坚成果同乡村振兴有效衔接的重要途径。

（二）周口市西华县

西华县处于豫东平原黄泛区腹地，隶属河南省周口市，总人口97万人，总面积1194平方公里，耕地面积114万亩。辖22个乡镇办事处，1个省级经济技术开发区，3个农（林）场，450个行政村（社区）。高效农业发展面积稳定在3.2万亩以上，形成了新优杂果、花卉苗木、畜牧养殖、无公害蔬菜和优质食用菌五大特色农业品牌。作为中原粮食生产核心区，西华县粮食种植面积常年稳定在180万亩以上，总产稳定在70万吨以上。2022年，全年生产总值增长2%，规模以上工业增加值增长2.1%，固定资产投资增长15%，一般公共预算收入增长15.2%。近年来，西华县先后获得全国粮食生产先进县、全国优质商品粮基地、全国农产品质量安全县等多项国家级荣誉称号。

1. 做法与经验

第一，城乡融合发展，优化配置资源要素加速。西华县"三个起来"的生动实践使城乡之间相互贯通，城乡融合发展加速推进。一是在城区，坚持经营城市、经营土地和城乡融合发展理念，全面盘活现有街道和社区的土地资源，打破原有农村生态模式和生产方式，积极促进集体土地和宅基地变资源、变资本、变财富，全面加快了以人为核心的新型城镇化建设进程；抢抓老旧小区改造机遇，加快推动环境卫生设施提级扩能、市政公用设施提档升级、公共服务设施提标扩面、产业配套设施提质增效，切实提升了县城集聚产业、汇聚人口的水平。尤其是随着贾鲁河、东风运河、双狼河、女娲湖生态滨河滨湖公园相继开放、开工，城市功能更加完善、城市品位全面提升，进一步增强了以城带乡的引领能力。二是在乡镇，按照城市标准打造乡镇政府所在地，以提升乡镇政府所在地基础建设水平、规范镇区管理为重点，统筹各方面资源集中投放、集约使用，乡镇政府所在地在新型城镇化建设中的骨干支撑作用和对美丽乡村工作的引领作用更加凸显。三是在农村，稳步推进农村集体产权制度改革，坚持藏粮于地、藏粮于技，粮食生产再创新高；持续巩固全国农产品质量安全县创建成效；大力推进现代农业产业园建设。

第二，完善现代产业体系，加快形成县域核心竞争力。在高端智能装备制造和通信电子产业发展上，西华主要以耕德电子、海鑫电子、凯旺电子和中电建、宇通车材为基础，继续对接、招引华为、苹果、三星、小米、OPPO等高端品牌的生产商和配套商，着力打造中部智能通信终端和智能装备制造基地。耕德电子华为手机制造项目的引进是周口市招商引资突破年的标志性经典范例，引领了全市招商引资的潮头风向，项目总投资30亿元，占地面积516亩，总建筑面积226171平方米。在招商引资上，一是绘制"四张图谱"精准招商。立足于主导产业的产业链、企业链、研发链、产品链四个方面，推动了一批"头部企业"及其上下游关联企业落地西华。二是创新方式方法灵活招商。根据本地实际，结合项目特点，针对企业的需求，持续开展以商招商、商会招商、乡贤招商、亲情招商、园区招商、产业链招商等多种方式进行招商，提高招商引资的实效性。

第三，"全产业链+品牌农业"助力乡村振兴。以食用菌产业发展为龙头，依托统筹整合财政涉农资金，孵化产业、打造平台，以"全产业链+品牌农业"的经营理念，把产业主体留在农村，壮大县域经济和村级集体经济。一是以打造食用菌现代农业产业园为载体，形成食用菌菌种繁育、智能化菌包加工、示范化种植、社区型模块化种植基地、食用菌初深加工、生物质有机肥、技术研发推广七大产业链，积极创建省级和国家级现代农业产业园。二是示范引领建造种植基地，引导和支持县域内的农户和其他经营主体共同发展，共同打造食用菌行业的新业态，扩大就业容量。建造兼有宜居生活和高效生产两种功能的社区型模块化种植基地。由公司提供设施设备完善的种植场所，农户租赁经营，有效降低生产风险。由公司联合信担机构向农户提供融资担保，帮助农户解决经营资金短缺的问题。三是积极推进土地经营权入股农业产业化经营试点工作，推广"保底收益＋按股分红"的合作模式。依托产业振兴，与村级集体经济合作社以"业务联营、项目托管、参股经营、技术服务、安置就业"等多种形式，帮助发展村级集体经济，为村级集体经济实现多元创收提供保障。

第四，发展生态旅游农业，促进产业融合发展。整合文化资源，打造文旅品牌。一是依托"万亩桃园"文旅品牌优势，充分整合自身优势资源，打造桃花源生态风景区，每年吸引近百万名游客。开发桃子深加工美食、桃胶茶、桃花蜜、桃木（核）工艺品等系列产品，延伸桃花产业链条。加强桃花元素文创产品设计，形成一批文旅伴手礼。扩大桃花节活动规模，加强对"桃文化"品牌打造、宣传推广和业态创新。举办桃花节，陆续推出"桃花跑"马拉松、"桃花缘"相亲大会、"桃之梦"戏曲摄影书法诗词联赛、"桃园情"系列产品网上直播等10余项文旅项目。二是积极发展休闲农业经营主体，如农家乐、休闲农园、乡村民宿等，每年营业收入8000余万元，年接待游客百余万人次。经营项目主要有农事体验、乡土美食、休闲康养等，经营范围涵盖食、游、娱、购、宿等方面。有鲜桃、桃酵素、葡萄、小西瓜、草莓等农产品，桃木手工艺品、金蝉、桃胶等特色产品。三是积极引导桃农发展电商经济，开通电商直播间，通过直播带货等新型网络销售方式，加快推广销售本地的农特产品，扩大鲜桃线上线下销售渠道。形成集黄河文化、农垦文化、劳模文化、生态文化等多种元素于一体的现代农业生态旅游区，塑造"文旅文创＋休闲观光农业"品牌。

2. 挑战与应对

一是农业现代化水平有待进一步提高，带动经济增长的动力不足。为此，需要积极发展多种形式适度规模经营，支持通过土地流转、土地托管、土地入股等多种形式发展适度规模经营，推动现代农业示范区建设。构建新型农业经营体系，提高农业产业组织化程度。构建富于灵活性和多样化的产业化经营模式，推动新业态、新模式的广泛应用。加强对新型职业农民和新型农业经营主体的培训。

二是远离区域中心城市增长极，受到中心城市辐射带动较弱。省区交界地带的边缘化区域由于行政分割和市场分割，生产要素流动受阻。在对接长江经济带、积极承接东部产业转移的过程中，鼓励外出人口回流创业，培育本地企业家群体。通过提供资源、市场、制度等软硬环境支撑，优化产业结构，培育产业集群，扩大产业集群规模和竞争力，推进全产业链发展。

三是特色产业标准化程度低，发展需适应消费升级。逍遥镇胡辣汤在全国胡辣汤品牌的竞争中具有明显优势，但逍遥镇胡辣汤店铺主要分布于河南省境内，胡辣汤的经营方式多是以单家单户为主，产品档次参差不齐，产品附加值普遍不高。特色产业要想持续为区域经济带来活力，就必须构建起相对完善的产业链。西华县作为传统农业大县可以为胡辣汤产业的发展提供丰富、优质的原材料。注册集体商标，加强技能培训，推进胡辣汤走上标准化、品牌化之路，发展成为就业富民的支柱产业。借鉴柳州螺蛳粉的推广经验，积极探索胡辣汤速食包装、冲剂包装等生产方式与市场推广，提高加工品质。

3. 思考和启示

一是着力探索形成富有地方特色和推广价值的产业发展模式，持续发挥特色产业在乡村振兴中的作用。特色产业是乡村发展的明信片，也是乡村振兴的重要方面。结合对逍遥镇胡辣汤产业的发展分析，乡村特色产业要在满足消费者需求的基础上，推进产业化、标准化建设，因地制宜，打好乡村特色招牌。乡村特色产业普遍面临着一个问题，即产品的受众多以当地消费者为主，且主要是一般性的产品。随着近年来居民消费水平的提高，供给与消费者需求渐不匹配。乡村特色产业发展需适应时代需求，在发展乡村特色产业时，要深入挖掘乡村特色产业的历史、文化、生态内涵，结合乡村发展定位与前景，探索适宜本地区乡村特色产业发展的路子。

二是加强地理标志品牌培育，厚植竞争优势。发掘西华县特色产品资源，不断挖掘西华县特色种植业、养殖业、畜牧业、传统手工业、农副产品等具有区域优势的特色涉农产品。从地方史志、典籍、历史文化中收集具有培育价值的地理标志商标资源，完善管理制度，逐步丰富完善西华县地理标志保护体系，提升地理标志开发利用效率，为促进乡村振兴和产业转型升级提供强有力的支撑。

三是与时俱进创新发展理念和方式，实现统筹集约发展。随着人口红利逐渐降低，土地资源日益紧缺，传统农区原有的优势越来越难以持续。在粮食安全和生态保护的约束下，西华县不宜照搬传统的大规模高强度工业化、城镇化路径。应当坚持以人的需求为核心，通过满足外出务工人员、城镇居民、农村居民三类人群需求，协调好县城、小城镇、乡村三类发展，实现统筹城乡、集约高效的目标，共享城镇化红利。

（三）驻马店市平舆县

平舆县位于河南省东南部，地处两省（河南、安徽）三市（周口、阜阳、驻马店）接合部，原为国家级贫困县。县域总面积约1284平方公里，辖19个乡镇、街道，224个行政村（社区），2021年常住人口约73万人，脱贫人口近7万人，城镇化率43%，城乡居民收入2.15万元。先后荣获中国车舆文化之乡、中国建设工程防水之乡、全国返乡创业试点县、国家卫生县城、国家园林县城、国家外贸转型升级基地（户外休闲用品）。

近年来，平舆县善于发现机遇、利用机遇，精心谋划，因"地"因"时"因"业"制宜招商，倾力优化营商环境，帮助企业发展，振兴县域经济。在短短七年左右时间里，皮革皮具、休闲生态家居、建筑防水等产业实现了从无到有、从小到大的跨越。2011—2022年，全县国内生产总值由118亿元跃升到310.4亿元，地方财政收入达13.7亿元，增长了2.5倍。该县探索出以招商兴商促进县域经济崛起的新路子，被誉为县域经济发展的"平舆现象"，对工业基础薄弱、资源相对贫乏的平原农业县具有较大的启示与借鉴意义。

1. 做法与经验

一是规划引领、构建体系。近年来，平舆县做出重点发展皮革加工、户外休闲用品、建筑防水、白芝麻、电子商务五大主导产业，通用航空产业、生物产业、康养产业三大战略性新兴产业，应用型数字经济产业一大未来产业，打造产业集聚区、商务中心区、城市新区、现代农业示范区、航空物流产业园区五大片区的总体布局，聚焦"三园"建设，实现工业强县、产业富民。首先是县级主导产业工业园。以县开发区为载体,深化"三化三制"改革,围绕五大主导产业,强力推进招商引资、项目建设,完善基础设施配套,加快优质企业培育,推动产业集群集聚、做大做强。其次是乡级乡村振兴产业园。深入挖掘在外人才资源,鼓励引导平舆籍在外成功人士返乡投资创业,规划建设一批乡村振兴产业园,打造联动城乡的优势特色园区。最后是村级共同富裕加工园。依托现有的村级扶贫车间和藤编外协加工点、农户加工点,支持引导农村经纪人、致富带头人等,利用村内的闲置厂房、仓库、宅基地等,将劳动密集型产业链中的生产加工环节布局到农村,带动农民就近就业、实现共同富裕。

二是因"地"制宜、亲情招商。平舆充分利用本地大量劳动力在外从事防水的特殊资源,县委、县政府利用多种渠道与在外防水企业沟通,充分利用乡情亲情强力招商,把在外地做建筑防水产业的平舆籍企业家、大企业请回家乡发展,将平舆防水产业链条不断拓展。平舆成功将劳动密集型的防水施工产业发展为集研发、品牌建设、材料、施工于一体的建筑防水全产业链,成为国内有较大影响的防水产业集群。

三是因"时"制宜、以商招商。平舆并没有藤编的历史传统,本地历史上也没有休闲家具企业。2015年以来,县里抓住长三角等相对发达地区劳动密集型制造业向内地转移的时机,借用广东、浙江商会等行业组织的力量,亲情招商、以商招商。与广州、杭州等地户外协会建立联系,设立4个户外招商联络处,选派公职人员、聘任平舆籍企业家作为招商代表,长期驻点招商。全县集聚80余家户外休闲上下游企业,全产业链年产值突破50亿元,成为中部最大的户外休闲用品产业基地、国家外贸转型升级基地、全省外贸出口产业基地。

四是因"业"制宜、平台招商。皮革加工产业发展在平舆有一定的传统和基础,但长期以来以中小企业为主,布局分散、生产粗放且存在较为严重的环境污染问题。平舆积极鼓励与支持皮革加工业转型升级，把皮革皮具定位为平舆产业集聚区的主导产业，谋划中原生态转型发展示范园，加大节能环保等基础设施投入，运用清洁化生产技术和设备，使皮革加工从高污染产业转为基本不污染的环境友好产业，成为中原皮革产业基地。

五是倾力服务、全心育商。在招商项目落地过程中，全县上下倾力服务企业，优化产业发展环境，帮助企业化解瓶颈约束、解决发展难题。成立户外休闲产业管理委员会，为企业提供"一站式""保姆式"服务。积极与宁波港国际物流有限公司、中国国家铁路集团有限公司等对接协调，开通户外休闲产品物流专列，设立全省第一个县级无水港口，并给予物流补贴，企业运输成本降低41%。成立户外供应链公司，为企业提供订单、金融和报关报检等生产服务。成立返乡创业工作领导小组，建立县、乡、村三级就业创业服务平台，组建返乡创业专家智库，为返乡创业人员提供政策咨询、帮扶指导、技能培训、担保贷款等"一站式"综合服务。整合就业创业、产业发展、招商引资等政策，在物流运输、创业培训、税收减免等方面为返乡创业人员提供支持，帮助解决在项目用地、子女上学、社会保障以及生产经营中遇到的困难。在全省县级率先举办创业实训课程，模拟创业全过程，全程跟踪帮扶指导。

2.挑战与应对

平舆通过大力招商兴商，初步实现了国家贫困县县域经济的崛起，但在发展思路、企业和要素保障等层面仍面临不少具体矛盾和问题，基于调研，提出如下对策建议。

第一，优化产业发展路径，对主导产业进行长远规划。坚持主导产业不放松，产业重心再聚焦。县域制造业既要立足于"特"，在全国乃至全球市场与产业链中找准定位，又要适时适度推进产业升级以维护与巩固其在全国乃至全球市场与产业链中的地位。将白芝麻、电子商务分别作为特色产业和辅助产业，对于建筑防水、户外休闲用品、皮革加工三个主导产业，应前瞻15—30年基于现代化视角进行长远规划，谋划化解瓶颈的方法与路径，并将其具体化为分阶段的发展目标、任务及实现路径。

第二，优化县域城镇布局，推进产城融合发展。须明确产业集聚区与县城城区作为县域集聚先进要素主平台与主载体的作用，优化城镇布局。前瞻30年对全县常住人口发展趋势进行评估，根据对产业发展的预判以产定城，根据人口的规模科学合理安排县城、乡镇镇区、乡村的基础设施与公共服务建设。加快农村劳动力市民化进程，优先解决非农就业人员子女在城区接受教育的问题，培育现代化产业工人，促进城镇化持续健康发展。

第三，努力帮助企业解决人才与用工问题。县域的城市功能与大城市存在较大差距是客观事实，应鼓励与支持企业通过多种方式灵活引进和使用高层次人才，化解人才约束。一是强化产学研结合，利用区域发展论坛、产业协会等平台，鼓励和支持企业与高校、科研院所的联系，进行项目合作、研发合作或推进适用技术产业化。二是理解、鼓励、支持本地企业将研发机构、市场开发机构等放到郑州等大城市，选择在大城市成立产业发展研究院，集中产业高层次人才，为平舆研发技术并提供政策咨询服务。三是在县域高层次人才引进方面出台鼓励政策。四是加强培养技术工人，满足企业用工需求。参考江苏太仓企业学校联合开展职业教育、培养高素质能工巧匠的双元制模式，依托平舆县中等职业学校和炎黄职业技术培训学校及其他民办技能培训机构，整合教育培训资源，举办中专或者大专层面的职业技术学院，建立产教融合、校企合作的技术技能人才培养模式，强化定向培养、学训结合，使学生能够切实掌握符合企业要求的实用技能，毕业即就业。

3. 思考与启示

一是因"地"制宜发展防水产业，以亲情招商育商。改革开放初期，平舆交通闭塞、缺乏工业基础，且人均耕地少，于是大量平舆人外出务工。经过艰辛的闯荡与创业历程，平舆人在全国各省市大约拥有了10000支施工队伍，1000个防水企业，30万从业人员。"地"是指平舆县利用了"本地大量劳动力在外从事防水"这一本地特殊资源，河南省多数平原农业县均有大量劳动力外出务工，且各县劳动力外出务工所从事的行业一般均相对集中，所以大都具备了类似平舆防水产业的机遇与优势，应给予足够的重视，形成县域经济发展的助力。

二是因"时"制宜发展户外休闲产业，以商招商先发展后升级。"时"是指平舆抓住"发达地区劳动密集型制造业向内地转移的时机"，充分利用平舆籍企业家和商会等商业力量招商。河南多数县域最大的优势就是劳动力资源丰富，但多数县域并无发展高技术高附加值产业的优势，反而适合发展附加值不高的劳动密集型产业，平舆户外休闲用品产业蓬勃发展给县域招商带来的重要启示是，要根据时机、趋势和自身条件实事求是地确定最适合本县发展的产业，先发展再升级。即使引进劳动密集型产业也要像平舆一样脚踏实地，不畏艰难，充分利用各种资源，注重以商招商，专业精准精心精诚招商。

三是因"业"制宜发展皮革产业，平台招商促进转型。"业"是指"地方自发形成的小散产业"，"平台"是指"中原生态皮革转型发展示范园"这一对皮革产业具有强大支撑和吸引力的产业平台。河南多数平原农业县虽然工业基础薄弱，但改革开放以来各县均自发形成了一些小散产业，这些产业虽然小且层次低，但具有较强的本地根植性。面对日益激烈的市场竞争与转型升级压力，因在资金、技术、环境等方面面临诸多瓶颈，这些小散产业依靠自身力量难以迅速扩大、转型升级，多是依靠低成本优势在生存边缘挣扎。平舆的成功经验表明，小散企业是地方产业发展的种子，只要科学谋划、精准施策，完全可能培养成参天大树，成为招商引资的重要资源。

四是打出"倾力服务、全心育商"组合拳，优化营商环境。营商环境是企业生存发展的土壤，也是经济发展的"晴雨表"。平舆县聚焦"急难愁盼"，在提高服务效率、解决厂房问题、补齐入驻外向型企业交通短板、提供全产业链服务等方面持续发力，打出系列"组合拳"，为企业解除了诸多后顾之忧，赢得了企业的信任，有意向到平舆投资的企业越来越多，成为"投资洼地"和"产业高地"。这表明，不断做优"金凤返巢"环境，让各类市场主体引得来、留得住、长得大，能够极大提升县域招商的吸引力，推动人才回归、资金回流、项目回迁，为县域经济高质量发展注入强劲动力。

（四）信阳市淮滨县

淮滨县隶属于河南省信阳市，位于淮河中上游，淮河干流横贯全境，因濒临淮河而得名。文化底蕴深厚，历史源远流长，是鄂豫皖红色文化的赓续地，享有"淮上江南、梦里水乡"之美誉。总面积1209平方公里，下辖4个街道办事处、15个乡镇。曾是国家扶贫开发工作重点县、河南省脱贫攻坚重点挂牌督战县，于2020年2月脱贫摘帽。

近年来，淮滨县抢抓淮河生态经济带发展、大别山革命老区振兴发展战略契机，围绕"滨淮福地·临港强县"发展目标，因地制宜实践了"流通贸易型"县域经济发展模式，形成了纺织、食品、造船三大主导产业，其中纺织服装产业形成了完整的产业链条。县域经济综合排名从"十一五"末的全河南省倒数第一，跃升到2020年的第40位，闯出了一条后发地区县域经济发展弯道超车、跨越崛起的新路子。2022年，淮滨县被河南省委、省政府认定为践行县域治理"三起来"示范县。

1. 做法与经验

第一，强化产业支撑。一是完善产业链条。聚焦纺织服装全产业链，吸引龙头企业落户，打造纺织服装科技产业集群，抢占全国纺织服装科技高端市场。同时，依托弱筋小麦种植优势，发展食品加工业，延长特色农业产业链。二是优化产业生态。围绕三大主导产业，配套完善基础服务设施和多个"园中园"项目，培育形成了船舶制造、纺织服装、食品加工等特色产业集群。三是发展新型业态。以智能服装、功能服装、生态旅游等为重点，推动传统产业转型升级，加快由"制造"向"智造"的跨越。

第二，加强商贸流通。一是建成信阳港·淮滨中心港，走港产城融合发展之路。淮滨中心港成为河南省内最大的综合性单体港口和综合性物流园区。二是建设农产品商贸流通产业园，打造豫南地区农产品流通平台，促进农产品外销。

第三，优化营商环境。营造"亲""清"新型政商关系，聚焦打造政策最优、成本最低、服务最好、办事最快的营商环境，加快对外开放，产业集聚区实行入驻企业项目审批"代办制"，缴纳税费"一费制"，全程代办"保姆式"服务，实现企业与群众、企业与政府部门两个"零接触"。建立县、乡、村三级招工服务体系，随时帮助企业招工。坚持

"一个项目、一名领导、一套班子、一抓到底"的"四个一"工作机制，对项目引荐人实施重奖，对重大投资项目实行"一事一议""一企一策"招商引资优惠政策。

第四，做强"三农"基础。一是统筹规划，有序调整农村产业布局，以农牧结合、农林结合、农旅融合、循环发展为导向，调整优化农业结构，坚持"一乡一业、一村一品"模式，逐步形成了弱筋小麦、芡实、猫爪草等特色产业。二是项目支撑，提高农业综合竞争力。三是创新模式，让农民分享产业融合成果。鼓励龙头企业建立与农户风险共担的利益共同体，让农户分享加工、销售环节收益，确保了农民增收、企业增益、社会增效。四是吸引返乡创业人员，带动农村经济创新发展。

第五，擦亮文化品牌。依托丰富的水景生态资源和历史文化资源，全力推动文化旅游业转型发展。组建了兴淮文化旅游发展有限责任公司，推动旅游业一体化发展，初步打造形成了以淮河生态游为主体，历史文化游、城市工业游和乡村休闲游齐头并进的全域旅游发展新局面。同时，强化规划设计，谋划打造城市绿色水系和园林城市，加强城市精细化管理，提升县城建设品质。着力打造"三点一线"文化旅游带，同时打造文旅特色品牌、创新文旅发展模式，依托信阳淮滨港、产业集聚区等特色产业，充分发挥"旅游+"的综合带动作用，促进文化旅游产业优势转型，淮滨先后被评为中国最美宜居宜业宜游名县、中国十佳生态旅游城市、中国绿色生态模范县等称号。

第六，改善基层治理。坚持以高质量党建引领县域经济高质量发展，实施基层党建"三年行动计划"，开展党建"3458"工程，构建党建"大格局"。创新实施"党建联盟+产业联盟"双联盟促产业发展模式，构建26个"党建联盟+产业联盟"，以党建为纽带，优化产业组织形态。

探索建立"四责协同"机制，打造了完整的责任闭环，形成了同心划船、同向发力的工作局面。创新建立"标兵争创"晋升体系，大力实施"一晒一议八联评"活动，通过"三单四链五法"，充分发挥村党支部作用，夯实乡村治理"基石"，调动各方力量，形成齐抓共管共治"矩阵"，激发干事创业激情。

2. 挑战与应对

一是城镇化率较低，需要着力推动城乡融合发展。以新型城镇化为着力点，推进公共服务均等化，推动县域层面城乡融合，促进县域经济协调发展。深入推进农业现代化，推进农业供给侧结构性改革，积极把新业态、新模式、新主体融合到农业发展中来，促进一二三产业融合，全面提升农业综合效益。

二是城镇和农村居民人均可支配收入差距较大，需要着力强化联农带农机制。注重把农民牢牢嵌入产业链条，让群众更多分享产业发展收益。要积极发展劳动密集型产业，引进培育吸纳就业能力强的企业，让更多群众在家门口就业。同时，利用生态资源优势，使文旅产业成为新的经济增长点，带动农民群众增收。

三是产业结构有待优化，需要着力促进产业转型升级。完善船舶制造、食品加工等主导产业的产业链、供应链，同时着力打造乡土产业品牌，提升产业的核心竞争力。进一步加快推进信息化，培育智慧农业、智慧工业、智慧服务业等新业态，提升产业现代化水平。

四是城乡发展不够均衡，需要着力深化区域协同发展。发挥交通区位优势，利用好淮滨中心港等平台，深化与长江经济带、泛长三角地区的联系。加强信阳市各县以及豫东南区域间的联合发展，提升区域优势和招商竞争力。积极承接长三角、珠三角等发达地区的产业转移，同时依托龙头企业和创新平台引进科技人才、管理人才等，吸引本县人才返乡创业。

3. 思考与启示

一是集聚规模提能级。如纺织服装业，抢抓东南沿海地区产业转移先机，"无中生有"培育了时尚纺织产业，经过十多年的精心培育，谋划建设了浙商纺织工业园、苏州纺织产业园、嘉兴纺织产业园等互为支撑、相互配套的时尚纺织"区中园"，基本形成包括制造初级丝、加工织布丝、织出成品布、印染后整理、服装深加工和市场大交易等六大环节的全产业链。

二是科技赋能增效益。坚持把创新摆在核心位置，认真落实高端化、智能化、绿色化、服务化"四化"要求，围绕时尚纺织产业高端化发展，2022年谋划实施一批"三大改造"项目，建成全市第一个纺织服装"5G+"工业互联网平台，在开发区建设了纺织科技大厦，设立省级纺织产品检测中心，通过与科研院校、研发机构合作，培育打造市级工程技术研究中心、省级工程技术中心，引进一大批时尚纺织产业研发人才、设计人才，有力推动了工业提质增效。

三是做强贸易优链条。围绕持续提升时尚纺织产业链水平，聚焦市场交易这个关键环节，采取"前店后厂"的工贸一体运营模式，生产在淮滨、交易在淮滨、税收留在淮滨，实现以贸促工、以工强贸。依托全国最大的纺织面料交易基地广州中大纺织商圈，与全球领先的织赢科技纺织服装智慧供应链平台和广州银岭实业发展有限公司达成协议，打造集纺织服装配辅料、工厂直营店、原材料批发、电商、面料馆、物流等一体式综合性交易市场，产生良好辐射带动作用。

四是引育龙头扩就业。树牢产业协同理念，坚持"二分之一"工作法，围绕时尚纺织产业链图谱，抢抓对口合作机遇，大力开展产业链招商、股权招商、对赌式招商、商会招商，积极招引江苏阳光集团、江苏苏美达集团等一批产业链头部企业，以龙头企业带动更多群众就业。

五是回归工程促增收。充分释放时尚纺织主导产业"虹吸效应"，大力实施"回归工程"，积极与苏州河南商会、温州信阳商会、广东河南商会等商会合作，设立淮滨驻苏州、驻绍兴招商办事处，以亲情联络、以政策吸引、以真诚感召，挖掘撬动"信商"资源，引导在外成功人士返乡创业，浙商纺织工业园、信商智造园等一批"回归工程"项目落地淮滨。

三、推进发展壮大县域经济促进乡村振兴的对策建议

新时代新征程，在全面推进乡村振兴、加快农业农村现代化、建设农业强国、推进中国式现代化的进程中，豫东南区域的各县发展壮大县域经济，促进乡村振兴进入了一个新的发展时期，需要把握发展规律，顺应发展趋势，采取更有力、更精准的举措，更有效推动豫东南区域各县县域经济的发展壮大，由此带动乡村振兴并实现县域经济发展与乡村振兴的良性互动。综合调研发现，提出以下对策建议。

（一）把握县域经济发展的阶段性特征，抓住河南县域发展跨越的两个关键节点。一是河南很多县跨越了县域财政预算收入10亿的重要门槛。县域发展从最开始的传统产业发展阶段到腾飞阶段，最后到高度发展阶段。预算收入超过10亿开始进入腾飞阶段，从10亿到50亿的发展阶段，是县域发展转型非常关键的时期，加强河南县域发展从传统跨越到现代阶段的经验总结具有重要的现实意义。二是从简单的政策

优惠招商引资，进入依靠政策和机制的持续发展阶段。河南县域经济发展进入完善经济发展环境的阶段，这个转变过程的经验总结也很有价值。

（二）全面分析新二元经济结构对县域经济发展的影响。新二元经济结构中包含的二元分别是国计和民生。一是和县域经济密切相关的是民生经济，实体经济转型升级需要满足老百姓多样化的生活消费需求，这是县域经济发展的出路，也是责任。二是县域经济发展需要和当地的社会、人口、资源禀赋更好融合。县域经济发展要避免同质竞争，发挥各自优势，形成差异化的发展特征，和当地经济社会发展有更高融合度才能实现可持续发展。

（三）大力推进县域产业集聚式发展。河南工业发展的突出特点是通过引导企业进入产业集聚区促进产业集聚式发展，从而确保在县域内实现产业规模化和集聚效应。县域经济主导产业要与外部产业链实现良好合作，自身必须有较好的基础和较大的发展潜力，形成规模化的核心产业群，否则很难融入国内外优势产业链中。在产业和生产要素的聚合方面，不同的县有不同的模式，最主要的模式，第一种是借助大城市产业发展所带来的产业升级和产业转移，实现本地产业发展；第二种是立足本地资源禀赋而发展起来的产业。内生发展的产业和梯度转移的产业，在县域层面集聚发展，进而带动了县域经济发展，推进了乡村振兴。

（四）持续增强县域内生发展动力。无论是县域经济高质量发展还是乡村振兴，都强调激发内生发展动力。内生发展以本地的资源禀赋为基础，但更依赖于本地人才的成长。一是通过各种途径，在生产实践中培育一批生产技术能手，成就一批产业。二是外出打工成就了一批人才，外出打工者在市场经济中学会了经营管理、发展产业，要通过政策吸引他们把技术、理念、模式带回来，建立社会资本和社会关系网，实现产业发展和人才回流。

（五）更加有效推进具有鲜明特色的县域经济与乡村振兴互动发展模式的探索。一是依据县域资源禀赋和产业优势，发展特色优势产业，选择有利的发展模式。发展特色产业，形成一县一主导产业，核心离不开"土特产"的打造，把生产价值转换成市场价值。这个"特"不是有什么就只能做什么，而是产业的发展可以无中生有，有中生优，优中生特，特中生独特，独一无二。豫东南各县要立足当地资源禀赋，走出富有特色的产业发展道路。二是发展区域品牌。有特色的产品，在产业发展过程中，如果品牌比较分散就不能形成区域品牌。区域品牌和产业品牌有机结合，形成以区域品牌为引领的品牌体系是发展产业体系打造品牌的关键。

（六）进一步加强对县域经济发展促进乡村振兴的相关研究。豫东南地区县域发展经历了转型与变迁，正处在快速发展进程中。从欠发达县到实现跨越式发展，必然有值得总结分析的做法经验。为了更好服务决策，建议从巩固拓展脱贫攻坚成果、全面推进乡村振兴以及拓宽农民增收的角度，在对河南省全面系统分析的基础上，对豫东南地区县域经济发展的动态、热点、难点等深层次问题开展深入研究。建议在全国层面上，加强对发展县域经济促进乡村振兴的现状和发展趋势的研究，深入总结经验，提升典型案例经验的影响力。同时，围绕县域高质量发展促进乡村振兴总结亮点、展示成效，努力为全国巩固拓展脱贫攻坚成果、全面推进乡村振兴、推进县域中国式现代化进程提供可看可学的示范经验。

第五章

从脱贫攻坚到乡村振兴的信阳探索

信阳，古称义阳、申州，又名申城，处于大别山北麓与淮河上游之间，东临安徽省，南同湖北接壤，介于鄂豫皖三省的接合部，乃河南省最南部地级行政区域。总面积1.89万平方公里，总人口913万，辖浉河、平桥2个区，固始、光山、息县、新县、罗山、淮滨、商城、潢川8个县和羊山新区，1个国家高新区、9个省开发区及正在建设的豫东南高新技术产业开发区。横跨淮河、长江两大水系流域，西部和南部是由桐柏山、大别山构成的豫南山地，中部是岗谷相间、丘陵起伏、河渠纵横、塘堰密布、水田如网的丘陵岗地，北部是黄淮平原和洼地。属亚热带向暖温带过渡地区，季风气候明显，降雨丰沛，四季分明，农作物南北兼有、种类繁多，是河南省既产小麦又产稻米的省辖市。信阳山清水秀，环境优美，绿色资源丰富，有"北国江南、江南北国"之美誉。

信阳承东启西、连南贯北，处于中原城市群、武汉城市圈、皖江城市带三个国家级经济增长板块接合部和京广、京九"两纵"经济带的腹地。信阳盛产绿茶毛尖，茶产业已成为促进信阳农民增收的支柱产业和建设生态农业的绿色产业，被誉为"中国毛尖之都"。信阳处在中华民族发祥地的黄河流域和长江流域之间，楚文化与中原文化在此交汇交融，形成了独具特色的"豫风楚韵"。作为鄂豫皖苏区首府所在地、新四军抗日的重要战场、刘邓大军千里跃进大别山的落脚地和中国革命走向全国胜利的战略转折地,这里走出了许世友、李德生、郑维山等69位开国将军,被誉为"红军的摇篮,将军的故乡"。

信阳属大别山集中连片特困地区,曾经所辖八县均为贫困县,其中6个是国家级贫困县,2个是省级贫困县,是河南省唯一一个所辖县均为贫困县的地级市。

截至2020年年底,信阳绝对贫困人口全部清零,区域性贫困问题得到有效解决,取得了脱贫攻坚战的全面胜利。2019年9月,习近平总书记深入信阳考察调研,对信阳市脱贫攻坚工作给予充分肯定。

2018年1月2日,中共中央、国务院发布《关于实施乡村振兴战略的意见》后,信阳市即按照产业兴旺、生态宜居、乡风文明、治理有效、生活富裕的总要求,制定了详细的阶段性乡村振兴总体规划与政策,制定了《信阳市乡村振兴战略规划(2018—2022)》等20多个文件,围绕乡村产业振兴、人才振兴、组织振兴、文化振兴、生态振兴等领域,坚持创新理念和不断尝试,立足资源禀赋,以市场机制为纽带,充分利用、凝聚各种社会力量,积极探索乡村振兴的综合发展模式。总体来讲,农村现代化实现程度高于河南省平均水平,农业现代化和农民现代化稳定发展。

一、信阳市巩固拓展脱贫攻坚成果有效衔接乡村振兴的做法成效

"十三五"时期,信阳市以脱贫攻坚统揽经济社会发展全局,坚持精准方略,历史性地消除了绝对贫困和区域性整体贫困,圆满完成了这一阶段的历史任务。在第二个百年征程的开局阶段,信阳市认真贯彻习

近平总书记考察河南深入信阳革命老区的重要讲话精神，聚焦"两个更好"奋斗目标，把握"市县抓落实"的机制定位，着力探索符合实际、凸显特色、增强优势的巩固拓展脱贫成果同乡村振兴有效衔接的实践路径。

（一）基本做法

1. 巩固拓展脱贫攻坚成果的基本做法

严格落实"四个不摘"。"四个不摘"是脱贫成果稳定持续的有效保证，信阳市坚持落实"四个不摘"，坚持财政支持力度不减、政策优化，坚决做到资金投入不减、项目规模不降、政策措施不变，确保现有帮扶政策总体稳定。在责任落实上，延续"五级书记"共同抓的工作方法，将巩固拓展脱贫攻坚成果作为乡村振兴的首要任务，明确乡村主体责任，保持脱贫攻坚指挥部门和人员的稳定性。在政策落实上，坚持把"两不愁三保障"作为巩固拓展脱贫成果的基本要求和核心指标，织密织牢民生保障网，在持续落实各项保障政策的同时，坚持财政支持力度不减、政策不变，在帮扶落实上，坚持原有选拔标准分类选派"第一书记"和驻村工作队员，进村入户结对帮扶，因地因时制宜开展工作，确保帮扶扎实有效。在监管落实上，坚持原有的督查巡查通报例会等制度，对"两不愁三保障"政策落实情况进行拉网式排查，对排查出的问题明确责任领导、责任单位，限期整改，不留死角。

构建防贫返贫监测帮扶机制。信阳市对脱贫不稳定户、边缘易致贫户、突发困难户及因灾害意外事故等导致基本生活出现严重困难户，加强定期检查，实施动态管理，重点监测收入水平变化和"两不愁三保障"巩固情况，因户因人精准施策，及时干预，动态调整，确保消除返贫致贫风险。

着重持续激发内生动力。依循脱贫攻坚中形成的"智志双扶"工作机制，信阳市结合文明村镇建设，继续丰富完善动力催生机制，推广"爱心美德超市"，围绕乡风文明、人居环境、政策知晓、内生动力四个方面制定积分激励办法，物质奖励和精神奖励有机结合，激发贫困群众的主动性、积极性，巩固群众"自奋蹄"发展意识。出台"以奖代补"政策，鼓励贫困群众自主发展产业，对从事公益岗位的贫困群众，实行工资挂钩、多劳多得，用市场机制激发群众内生动力。

2. 拓展脱贫攻坚成果的基本做法

推进产业帮扶方式，壮大"多彩田园"特色产业。信阳市立足特色农业丰富的资源禀赋，推进产业帮扶方式由到村到户为主向到乡到村带户为主转变，补齐一家一户经营在技术、资金、品牌等方面的短板，将大市场与小农户紧密联结起来，壮大"多彩田园"特色产业以拓展脱贫攻坚成果。一是建基地联村带户，采用"龙头企业＋合作社＋农户"等多种利益联结模式，建设"多彩田园"产业基地，帮助建档立卡贫困户增收。二是建园区联企带乡，围绕培育千亿级食品工业产业集群，统筹推进现代农业产业园、现代农业科技园、电商物流园建设，推动加工企业、重点项目和营商服务进园区，全面实行"链长制"，建设全产业链"专业园区"；园区内组建"公司（合作社／家庭农场）＋基地"的农业产业化联合体，实现龙头企业与"多彩田园"产业基地的有机连接。三是创品牌联城带县，实施绿色兴农、品牌强农战略，整市创建省级农业绿色发展先行区，推进全国绿色食品原料标准化生产基地建设，实施"信阳毛尖"国家级区域公用品牌保护工程，推进"信阳山茶油""信阳弱筋麦""信阳稻虾米""信阳南湾鱼"等区域公用品牌创建，打造了"光山十宝""息品味""新县味""原味商城""平桥鲜"等县级区域公用品牌，按照"有标采标、无标创标、全程贯标"的要求，提升农产品竞争力，积极开拓"一带一路"和京沪广深等大市场。

深化人居环境整治成果，实施"百千万"工程。在脱贫攻坚时期以人居环境整治消除视觉贫困的基础上，信阳市实施百村引领、千村示范、万村整治的农村人居环境"百千万"工程，提质扩面，突出强化基础、补齐短板，全面加强农村基础设施建设，持续提升治理水平。坚持先易后难、持续推进，将全市乡村分为山区村、丘陵村、平原村三类，逐步形成连点成线、串线成片、连片成面的全域治理工作格局，打造宜居宜业的美好家园。一是突出特色延续美丽，在规划上体现豫风楚韵、红绿相映的特点，通过县级国土空间规划编制，明确村庄布局，用规划的刚性保证千村不同貌。二是突出宜居方便群众，结合农村人居环境整治提升五年行动，继续推进农村厕所革命，加快推进农村生活污水治理，逐步推开农村生活垃圾和资源化处理利用试点，探索推进城乡环卫一体化，提升农村路、水、电、网、物流等基础设施建设水平，缩小脱贫村与非贫困村之间的差距，缩小城乡差距，明港镇新集村的做法堪称典型。三是突出融合促进增收，发挥红色文化、绿色生态、古色村落等资源优势，围绕建设大别山北麓全域旅游示范区、全国知名红色文化传承区、国家传统村落集中连片保护利用示范市，开展乡（村）文（化）旅（游）共建，打造"品信阳菜、喝毛尖茶、看淮上山水、听红色故事、学传统文化、住豫南民宿"精品旅游线路、知名旅游品牌，推动旅游业发展与群众生活同步改善、共促互进，实现农区变景区、农房变客房、农品变礼品，打造融幸福宜居和就业创业为一体的幸福家园。

强化群众发展主体地位，着力打造本土人才队伍。脱贫攻坚期内党员干部的带头、引领和帮扶作用显著，过渡期内，信阳进一步唤起群众的主体意识，激发群众的内生动力，围绕"领着干""教着干""自己干"打造本土人才队伍。一是"领着干"，用好带头人，大力实施"三个培养"，把产业发展带头人培养成党员，把党员培养成产业发展带头人，把党员产业发展带头人培养成村干部，带领群众一起致富；先后制定《关于做好当前和今后一个时期促进就业创业工作的实施意见》《关于进一步支持返乡下乡创业促进乡村振兴的10条措施》《财政支持农民工返乡创业16条政策措施》《支持农民工等人员返乡下乡创业实施办法》等吸引外出人才回归并提供支持。二是"教着干"，加大农民群众技能培训力度，通过"雨露计划"等载体，畅通发证渠道，着力提高脱贫劳动力就业技能和持证比例，优化就业结构，增加就业收入；同时，借助高校、科研院所等科研技术力量服务农村发展，积极整合"土专家""土秀才"，加大新型职业农民培育力度，不断提升本土人才的创新创业素质、科技水平、职业技能和经营能力。三是"自己干"，调整优化政策举措，探索激励群众积极向上精神、主动发展理念的扶持政策，增进群众自主发展项目的意识和能力。

3. 推进巩固拓展脱贫攻坚成果有效衔接乡村振兴情况

2019年9月，习近平总书记在信阳革命老区留下"要把革命老区建设得更好，让老区人民过上更好生活"的殷殷嘱托，为信阳市在新发展阶段的工作提出了更高的要求。信阳市上下始终牢记习近平总书记"两个更好"的指示精神，围绕总书记考察河南重要讲话深化学习认识，提高领悟水平，理清工作思路，统一认识，形成合力。信阳市以"两个更好"统筹老区发展，坚持一切围绕"两个更好"，一切为了"两个更好"，在加快大别山革命老区振兴发展中找准实现"两个更好"的新路子，聚焦"学、研、谋、干"，推进巩固拓展脱贫攻坚成果同乡村振兴的有效衔接。

在巩固拓展脱贫攻坚成果同乡村振兴有效衔接方面，信阳市因地制宜，选择乡村振兴示范引领乡镇进行分类指导、重点推进，抓两头带中间，以点串线、以线带面，扎实推进与乡村振兴的全面有效衔接。固始县被河南省委、省政府确定为全省县域经济"三起来"示范县、全省优化开发县，是全省30个乡村振兴示范引领县之一，2020年以来，在落实"四个不摘"总体要求的基础上重点抓好"五个衔接"，确保巩固拓展脱贫攻坚成果同乡村振兴的有效衔接。第一，抓机制衔接，保持脱贫攻坚工作机制不变，从工作机制上确保巩固拓展脱贫攻坚成果和衔接乡村振兴工作的顺利推进；第二，抓队伍衔接，本土发展队伍的提升与外来帮扶队伍的稳定两手抓；第三，抓政策衔接，在保持各项政策稳定、持续巩固"两不愁三保障"成果前提下，把防止返贫监测帮扶作为巩固拓展脱贫攻坚成果同乡村振兴有效衔接的重要抓手，严守不发生规模性返贫的底线；第四，抓产业衔接，继续推进重点带贫企业和特色产业基地建设；第五，抓项目衔接，按照巩固拓展脱贫攻坚成果建设任务和实现乡村振兴目标要求，在脱贫攻坚项目库基础上，建设了脱贫攻坚成果与衔接乡村振兴项目库，通过各类项目实施，持续提升固始县乡村基础设施和公共服务设施水平、产业发展水平，为乡村振兴奠定建设基础。

信阳市将改革作为巩固拓展脱贫攻坚成果有效衔接乡村振兴的动力源泉，在改革中促进乡村善治，充分激发农业农村发展活力。一是盘活土地促活力，深入推进承包地"三权分置"改革，健全土地流转服务体系，培育家庭农场、农民合作社、农业社会化（或者公益性）服务组织，发展多种形式的适度规模经营，稳慎推进农村宅基地制度改革。二是引入资本增财力，借助农业保险与金融扶贫形成政策合力，探索开展防返贫保险和地方优势特色农产品价格保险、收入保险、"保险＋期货"、"保险＋信贷",增强支农惠农政策的综合效应;同时,筹划组建乡村振兴公司,着力解决乡村建设融资难问题。三是党建引领强效力,建强基层组织阵地,按照"产业发展到哪里、党组织就建到哪里、作用就发挥到哪里"的思路,全面推进党建引领乡村主导产业发展工作,把党支部建在产业链上、党小组建在生产环节上,旗帜鲜明加强党的领导,拧紧"市级统筹、县区主导、乡镇(街道)负责、村居落实"四级书记抓引领的责任链条,推动党的组织与产业组织人员互动、事务共商、活动共办,实现"1+1＞2"的倍增效应。四是多元治理聚合力,深化村民自治实践,开展诸如村民代表提案制、聘请"名誉村长""五老四员"工作法等形式的多元主体协商议事;推广政府购买服务、留守妇女提供服务、留守老人儿童居家享受服务的"戴畈模式",通过解决农村居家和社区养老、托幼、助残、济困等突出问题,完善农村社区治理体系。

(二)成效

1. 高质量完成巩固拓展脱贫攻坚成果目标

通过强化基础保障、完善防返贫致贫监测帮扶机制等举措,信阳市基本实现了脱贫的稳定与长效,呈现出低收入人群脱贫状况稳定、发展有序推进的良好局面。在经济社会快速发展的当下,保持脱贫成果需要与推进发展提升紧密结合,信阳市持续提升"两不愁三保障"水平,建立完善的控辍保学、危房改造、医疗保障、饮水安全动态管理机制,全面、准确排查问题,及时进行整改。加大易地扶贫搬迁后续扶持力度,发展后续扶持产业,全市有劳动能力的搬迁群众8823户全部实现稳定就业,搬迁房屋全部完成不动产确权登记。持续提升兜底保障水平,建立困难群众兜底脱贫长效机制，完善与消费水平挂钩的低保标准自然增长机制，确保农村低保标准稳定高于省扶贫线。保证低收入人群脱贫的持续稳定，犹如逆水行舟不进则退，信阳市织密织牢各项保障网络，理顺工作机制，较好地完成了这一工作任务。

2. 本土化多样化的乡村产业形态初现

信阳市立足本土优势，加快农业高质量发展、促进乡村产业振兴和乡村建设行动共同推进，乡村振兴多样化业态布局初具规模。通过规模化经营、标准化生产实现"六专"。推广稻田综合种养，扩大优质稻米生产，实现一水两用、种养双收，正常年份亩均增收千元以上。通过发展再生稻，一季种、两季收，二茬稻农残更低、食味更优。在产业链条方面，全市组织实施主食产业化及粮油深加工投资项目。作为茶叶国家级特色农产品优势区，围绕做强茶产业，全市创建省级现代农业产业园、国家级现代农业科技园、市级现代农业产业园等。大力发展县级电商服务站、村级电商服务点，培育了"易采光山""固始云""罗山在线""北纬商城"等一批本地农产品电商平台，打造了"光山十宝""息品味""新县味""原味商城""平桥鲜"等县级区域公用平台，农产品实现线上线下、全国售卖。

3. 以全域旅游推进乡村振兴布局初就

信阳市依托本地优势资源打造高质量旅游产业，全面推进乡村建设。平桥区坚持以全域旅游为抓手推进乡村振兴，结合改善农村人居环境，打造近郊乡村游、东部水乡游、西部豫楚风光游、中部沿淮生态游4条精品旅游线路，不仅荣获"2020年度农村人居环境整治成效明显的激励县（区）"称号，还培育了一批特色田园小镇、乡村旅游名村、农家休闲庄园、精品民宿和农家乐，带动农民稳定获得多方资金收益。曾经是贫困村的罗山县铁铺镇何家冲村，通过建设何家冲学院，配套红二十五军军史馆、乡村振兴案例馆、长征纪念广场、何家冲新时代讲习所等一批红色研学文旅项目，开发红色研学路线，以高质量的本土旅游开发助推乡村振兴。

4. 形成了勤于思考主动作为的良好风气

深入领会政策和指示精神，明确其价值和内涵，是理清工作思路、形成工作合力的重要保证。信阳市重视领导干部思想意识和理论水平的提升，通过系统培训和以会代训等形式强化学习成效，形成了重视学习、勤于思考的良好氛围，在这种氛围下，各县市区深化了对本地特色的认识和分析，扎实贯彻政策意图，将政策要求与本地发展实践结合起来，主动作为，勇于创新。2020年获得中央农村工作领导小组办公室、农业农村部"全国农村承包地确权登记颁证工作典型地区"的通报表扬（河南省唯一获表彰的地级市），2021年，新县获批全国第二轮国家农村宅基地改革试点，为全国探索经验。通过深化学习，信阳市领导干部进一步明确了地方定位，加强对脱贫攻坚和乡村振兴的深入思考，从而引领各项工作稳步向前并取得突破。

二、信阳市巩固拓展脱贫攻坚成果有效衔接乡村振兴的经验与启示

信阳市结合本地发展优势特色，认真落实中央有关决策部署，积极探索、勇于创新，初步形成了巩固拓展脱贫攻坚成果同乡村振兴有效衔接的基本路径和实践模式，对全省及全国其他地区具有借鉴和启示价值。

（一）基本经验

1. 认真践行习近平总书记关于"三农"工作、关于乡村振兴的重要论述精神

信阳市始终将习近平总书记关于"三农"工作、关于乡村振兴的重要论述和2019年深入信阳革命老区考察的重要讲话精神作为全面推进信阳市乡村振兴战略与实践的根本遵循和行动指南。

首先，按照习近平总书记在脱贫攻坚战全面胜利以后对脱贫地区产业要长期培育和支持，促进内生可持续发展，坚持农业农村优先发展，让低收入人口和欠发达地区共享发展成果，[1]要把革命老区建设得更好，让老区人民过上更好生活的要求和指示，明确了在巩固拓展脱贫攻坚成果同乡村振兴有效衔接新阶段的发展目标。其次，认真学习领会和贯彻落实习近平总书记"用好深化改革这个法宝""把农民组织起来""依托丰富的红色文化资源和绿色生态资源发展乡村旅游""夯实乡村治理这个根基""把人力资本开发放在首要位置"等重要讲话精神，理清了信阳市全面推进乡村振兴的工作思路和推进路径。再者，根据以习近平同志为核心的党中央着眼全国"一盘棋"，形成优势互补高质量发展的区域经济布局的促进区域协调发展总思路[2]，信阳市充分发挥其作为国家粮食主产区，连接长江经济带、黄河流域生态保护和高质量发展的联动协同区、全国知名的红色文化传承区的区位优势，充分将信阳市乡村

---

[1] 习近平：《在全国脱贫攻坚总结表彰大会上的讲话》，《人民日报》2021年2月26日，第02版。

[2] 习近平：《推动形成优势互补高质量发展的区域经济布局》，《求是》2019年第24期。

振兴实践融入国家区域发展战略，为全面推进乡村振兴开拓了良好的工作局面。

2. 以多种手段实现"巩固""拓展"与"衔接"有机统一

信阳市委、市政府制定出台了有关文件，明确提出要完成好"持续巩固拓展脱贫攻坚成果、全面提升乡村发展水平、建立健全农村低收入人口常态化帮扶机制、全面推进乡村振兴出彩"等四项重点任务，并多措并举，实现"巩固""拓展"与"衔接"有机统一。

信阳市采取措施对脱贫不稳定户、边缘易致贫户、突发严重困难户实施动态管理，落实有效帮扶，因户因人精准施策，及时消除返贫致贫风险。坚持"四个不摘"和"五级书记"抓乡村振兴，继续落实县处级领导干部每周到帮扶点联系乡镇工作半天工作制度，坚决做到资金投入不减、项目规模不降、政策措施不变，保持政策稳定。

在巩固好脱贫攻坚任务的同时，信阳市面向共同富裕的新要求，着眼全面乡村振兴的目标，结合本地实际，通过建立控辍保学长效机制、危房改造动态监测长效机制，持续巩固健康扶贫"3+2+N"医疗保障模式，推动产业帮扶政策措施由到村到户为主向到乡到村带户为主转变，稳步提升"两不愁三保障"水平。大力实施农村道路畅通工程，推进农村公路建设项目更多向进村入户倾斜，全面推动县、乡、村三级农村物流节点体系建设，畅通农产品进城、农业生产资料和农民生活消费品下乡的物流服务体系。

3. 以高质量发展引领巩固拓展脱贫攻坚成果有效衔接乡村振兴

信阳市按照"聚焦主导产业，突出优势特色"的发展思路，明确重点发展水稻、弱筋小麦、油茶、茶叶、水产品、花生、蔬菜、花木等8种优势特色农林产业，畜禽、食用菌、中药材、油菜、红薯等5个本地特色产业。同时，将发展规模大、龙头企业多的水稻、弱筋小麦、油茶、茶叶、水产品、畜禽等6个产业作为涉农主导产业的第一梯队，积极创建农产品特色优势区、区域公用品牌、现代农业产业园区，实现市级统筹、县区协同、集聚发展，推动以产业高质量发展引领巩固拓展脱贫攻坚成果同乡村振兴的有效衔接。

为了避免"产业富，而农民不富"的风险，首先，信阳市发挥投入要素优势，引导农民将撂荒的、低效的、闲置的土地，通过出租、转包等形式，流转到新型农业经营主体，鼓励引导农民将土地（山场、水面）等资源经营权、宅基地使用权等生产要素，入股新型农业经营主体，让农民分享产业链延伸和价值链提升带来的红利。其次，依托产业链党组织，吸纳群众就地就近就业，形成"租金＋薪金"的双收益增收模式；再者，依托"党支部＋合作社＋农户""党支部＋龙头企业＋基地＋农户"等链条，通过订单生产、合同协议等形式，帮助农民节约生产成本、分享规模效益，实现共同富裕。

4. 以党建引领为基础确保巩固拓展脱贫攻坚成果有效衔接乡村振兴工作保障有力

信阳市以组织路线服务保证政治路线的高度政治自觉，坚持和加强党对"三农"工作的全面领导，总结运用抓党建促脱贫攻坚的成功经验，把党的建设全面融入产业发展中，以党的建设高质量推动经济发展高质量。

一方面，信阳市基层通过单独组建、联合组建等方式把党组织建在产业链上，并形成纵向到底、横向到边的管理机制；通过创新党组织活动方式，把产业链党员的组织生活与生产经营活动有机融合；通过划分责任区、创办党员示范户等活动，充分发挥党员的模范带头作用。

另一方面，采取"党支部＋合作社＋农户""党支部＋龙头企业＋基地＋农户""党建联盟＋产业联盟""党支部领办合作社"等模式，以党组织为桥梁，以产业为纽带，推动产业组织与党组织人员互动、事务共商、活动共办，打造党建共同体推动乡村产业发展，把组织优势转化为产业发展优势。

（二）启示

1. 正确把握实现巩固拓展脱贫攻坚成果同乡村振兴有效衔接的深刻内涵

脱贫攻坚与乡村振兴是两个既相互联系又有重要区别的概念。习近平总书记关于扶贫工作和"三农"工作等重要论述对脱贫攻坚与乡村振兴这两个概念的关系作了详尽、准确、系统和科学的解读，对新时期确保巩固拓展脱贫攻坚成果有效衔接乡村振兴具有重要的实践指导意义。

一方面，脱贫攻坚与乡村振兴相互联系，二者都是中国特色社会主义道路的重要组成部分，都坚持以人民为中心的基本立场，都包含了补短板的方法论思维，共同统一于实现"全体人民共同富裕"的历史进程中。这要求在衔接过程的工作中必须防止出现标新立异、另起炉灶、别树一帜的偏差认识和实践。另一方面，二者在历史阶段、农民地位、实施手段、任务等方面存在着重要差异。打赢脱贫攻坚战是实现"全体人民共同富裕"历史进程的第一步，乡村振兴则是紧随其后的第二阶段。脱贫攻坚战阶段农民是一种身份和帮扶对象，实施手段是城市帮乡村。乡村振兴阶段农民则是一种职业和振兴的主体，实施手段是城乡融合。信阳市的政策设计与实践探索正是抓住了"衔接"所蕴含的辩证逻辑，把握住了发展的阶段性和衔接转换的主要矛盾，从解决建档立卡贫困人口"两不愁三保障"为重点转向实现乡村产业兴旺、生态宜居、乡风文明、治理有效、生活富裕,从集中资源支持脱贫攻坚转向巩固拓展脱贫攻坚成果和全面推进乡村振兴。

2. 有序实现"三农"工作重心任务转移

中国共产党始终把"三农"问题作为中国革命、建设与发展的基本问题,把为广大农民谋幸福作为重要使命,矢志不渝地解放农民和实现农民共同富裕。在新发展阶段,第一,要稳定种粮农民补贴,让种粮有合理收益,提升粮食和重要农产品供给保障能力,确保粮、棉、油、糖、肉等供给安全;统筹布局生态、农业、城镇等功能空间,科学划定各类空间管控边界,坚决遏制耕地"非农化"、防止"非粮化"。第二,要遵循创新、协调、绿色、开放、共享的新发展理念,依托乡村特色优势资源,打造农业全产业链,推进农村一二三产业融合发展示范园和科技示范园区建设,让农民更多分享产业增值收益。第三,要支持农业产业化龙头企业创新发展、做大做强,加快形成工农互促、城乡互补、协调发展、共同繁荣的新型工农城乡关系;突出抓好家庭农场和农民合作社两类经营主体,发展壮大农业专业化社会化服务组织。信阳市正是继续坚持把"三农"工作作为工作重点,并按照新发展理念及时有序地实现"三农"工作重心任务转移,从而不断地巩固拓展脱贫攻坚成果有效衔接乡村振兴。

3. 秉持整体思维与系统思维

习近平总书记强调,"全面深化改革是一项复杂的系统工程,需要加强顶层设计和整体谋划,加强各项改革的关联性、系统性、可行性研究"。坚持整体思维,必须把全面实施乡村振兴战略放在中华民族伟大复兴的战略全局中去思考,善于把党中央的决策部署同本地区本部门的实际有机结合,切实做好巩固拓展脱贫攻坚成果有效衔接乡村振兴。[①] 信阳市通过全面加强党的集中统一领导,充分发挥了各级党委总揽全局、协调各方的领导作用。将脱贫攻坚阶段形成行之有效的中央统筹、省负总责、市县乡抓落实的工作机制,落实到巩固拓展脱贫攻坚成果有效衔接乡村振兴过程中来,既坚持全面规划,加强整体性推进,同时又突出重点。坚持城乡融合发展,将农业发展同工业和第三产业的发展有机结合起来,在遵循农村、农业发展规律的基础上,因地制宜,促进一二三产业的协调发展。要聚焦突出问题和明显短板,坚持问题导向和目标导向相统一,回应人民群众诉求和关切,着力固根基、扬优势、补短板、强弱项,在多重目标中寻求动态平衡。

4. 坚持人民至上的根本立场

始终坚持人民至上,是无产阶级政党对待人民群众的根本立场,是马克思主义的本质要求。十八大以来,习近平总书记提出了以人民为中心的发展思想,这是马克思主义基本原理与中国具体实际相结合的最新理论成果,是中国共产党人对人民至上发展思想的最新运用。信阳市在巩固拓展脱贫攻坚成果同乡村振兴有效衔接中坚持人民至上的根本立场,坚持"发展为了人民,发展成果由人民共享,维护人民根本利益"的原则,尊重广大农民意愿,注重激发广大农民积极性、主动性、创造性。

5. 以共同富裕为根本目标

所谓共同富裕,指全体人民通过辛勤劳动和相互帮助最终达到丰衣足食的生活水平,也就是消除两极分化和贫穷基础上的普遍富裕。信

[①] 全家悦、李水:《用好系统思维 全面推进乡村振兴》,《中国社会科学报》2021年6月2日,第A11版。

阳市成功实现所有区县脱贫的关键因素之一就是各级党委、政府坚持共同富裕的原则，做好兜底保障，确保每一村、每一户、每一人在脱贫攻坚工作中不落队。同样，在巩固拓展脱贫攻坚成果同乡村振兴衔接中，信阳市通过农村产业融合、产业链建设以及产业链、价值链、供应链三链互动，形成了包括企业合作社、村集体等在内的利益共同体和责任共同体，搭建了共同富裕的发展平台，达成发展目标与路径共识，激发了广大农民共同富裕的意志和致富的内生动力，打造了乡村发展命运共同体，推动广大农民走向共同富裕之路。

三、信阳市从脱贫攻坚到乡村振兴的发展展望

（一）未来发展面临的问题

1. 产业高质量发展

第一，部分产业项目局限于初级产品加工与乡村传统文化结合力度较弱，产业项目投资主体多为外商，农民位于其产业链原材料提供及加工一端，收入来源仍局限于收租金等方面。第二，信阳市产业发展机械化水平低，科技贡献率有待提高，产品附加值低。例如，浉河区文新茶叶有限责任公司等茶叶公司收购茶叶原材料时，农民只能获取出租土地租金与采摘茶叶的劳务费用，增收并不明显。第三，产业项目产业链不完善，综合效益较低。产品类型不具特色，产业链条短，科技含量低，精深加工能力不高。例如，茶叶加工方面未看到对茶叶原料的提取及茶饮料、茶保健品和茶制药品的深加工。产业链条效益较低，初级产品价格难以上去，利益分配上富商不富农。

目前，信阳市产业发展还存在政府大力发展的乡村产业项目与现

代企业相比竞争力较弱的问题。部分产业由新型农业经营主体经营，特别是村级集体经济作为利益代表运营时，新乡贤等人才远离外部市场信息，在资本积累和扩大再生产上与专业人才有很大差距，这之间产生的利益分配等运营问题需要现代管理思维，特别是在面临疫情、洪灾等突发事件上的利益补偿问题。

2. 利益衔接机制有待优化

在实践过程中，贫困户内生动力有待进一步挖掘，农户作为乡村产业经营的主体作用并未完全发挥，在利益获得上更倾向于被动获得，依赖于政府政策扶持。农户收益与村级集体经济收益不平衡，产品档次和附加值需要村级集体经济努力，但农民专业技术水平不高，利益增收空间低。

3. 农民主体地位与社会治理问题

（1）产业发展过程中农民主体作用不显著。政府和企业在推动项目建设的过程中，往往采用自上而下的项目推进方式，虽然保障了运作效率，但忽视了农民的主体地位。在实践过程中，农民作为相对弱势的经营主体，在村级产业发展链条中，处于初级端，利润占比不高，在产业发展规划上，话语权有限，特别是在部分农民排斥企业工厂建设的情况下，农民通常会考虑村集体利益和个人经济收益，而忽视自身的文化排斥反应。产业发展模式并未融入农民主体意愿，缺乏乡村特色，农民在政策接收和补贴过程中，处于被动状态。酒馆、民宿等仅使部分有技术农民和有用地农民有利可得，部分无土地、无技术的农民参与度不高，特别是这些产业的发展，农民仍然只以低价获得租费和出售农产品原料为获得报酬主要途径。

（2）农民在乡村治理中参与度不高。信阳市坚持在乡村建设中把绿色作为乡村发展的根本底色，推动保护、治理和建设"三位一体"。农民作为分散的个体，一方面群体文化层次不高，另一方面没有机会参与村庄的生态建设和治理，因此在结果呈现上难以体现出农民的主体地位。例如，大到关于与自然和谐相处的共同性认识，小到村庄每条河如何设计和发展，在村民议事组织中，并未强调农民的主体作用。农村社会治理只有在融合农民主体意愿的基础上，激发农民治理热情，提高农民主人翁意识，才能促进乡村治理的和谐持续协调发展。

4. 拓展与衔接问题

脱贫摘帽不是终点，而是新生活、新奋斗的起点。打赢脱贫攻坚战、全面建成小康社会后，要在巩固拓展脱贫攻坚成果的基础上，做好乡村振兴这篇大文章，接续推进脱贫地区发展和群众生活改善。①信阳市紧紧围绕中央关于衔接脱贫攻坚、推进乡村振兴的战略部署，巩固脱贫攻坚成果，出台一系列相关意见，进一步拓展脱贫攻坚成果。但在拓展脱贫攻坚成果过程中，部分县级市存在认识和操作的不匹配和缺乏主动性的问题，具体如下。

（1）拓展力度不足。调研发现，信阳市部分领导在监测和稳定脱贫群众时仍然延续驻村工作队和定点帮扶等脱贫攻坚时期的工作方法，缺乏创新改革意识。在对脱贫不稳定户、边缘易贫困户、突发严重困难户这三类对象实施动态监测时，未考虑到在产业振兴过程中要扩大帮扶对象范围，特别是驻村帮扶和产业帮扶的对象范围，同时，调研发现，信阳市各级政府和各个部门在巩固拓展脱贫成果、推进乡村振兴的过程

---

① 《中共中央 国务院关于实现巩固拓展脱贫攻坚成果同乡村振兴有效衔接的意见》，《人民日报》2021年3月23日，第01版。

中，寄希望于国家层面的转移支付和政策倾斜，政策思维和工作思路有待于进一步提升。

（2）衔接乡村振兴程度不够。调研发现，相当一部分领导和工作人员对于乡村振兴的"产业兴旺、生态宜居、乡风文明、治理有效、生活富裕"的总目标理解不充分、不全面，对于乡村振兴的"五大振兴"与统筹推进新时期的农村经济建设、政治建设、文化建设、社会建设、生态文明建设和党的建设之间的关系理解不透彻，对于如何推进农业农村的现代化思考不全面。在巩固拓展层面更具体表现为对乡村振兴的长期目标和脱贫攻坚的战略目标之间的关系把握不到位，导致地方乡镇一级和村一级在巩固拓展脱贫成果、推进乡村振兴过程中，定位不清，目标不明。

5. 体制机制问题

信阳市目前集体经济发展比较缓慢。各个乡村的发展寻找适合自己的思路时，要因村制宜，一村一品，不断壮大集体经济。农村合作社合作金融模式探索未成体系，基于互联网金融的法律体系建设、风险防控体系有待进一步健全。在坚持基层群众自治制度的合法性时，基层党组织在引入金融资本考虑投入产出资金运转作用时，农民经营主体在乡村组织体系中作用不显著，其应该代表乡村社会内部内在的自主自治力量、代表乡村居民的切身利益和诉求。

6. 乡村精英参与"村治"的机制尚不健全

目前，部分乡村精英的吸纳模式并未寻找到规律性的模式，难以复制。一些新型经营主体没有按政策和章程制度要求建立健全监管机构，没有制定财务管理等内控制度，没有按规定进行分红或收益分配；一些新型经营主体没有设施用地，发展受到限制；有的经营主体人才欠缺，没有财务等管理人员；有的经营主体效益不佳，融资困难，举步维艰；有的经营主体名不副实，被个人操控，存在较大风险。脱贫攻坚成果巩固和发展缺乏长效机制。

（二）政策建议

1. 以产业振兴为目标推进扶贫产业发展

（1）坚持乡村生产要素与城市生产要素共生发展。在市场化条件下，城市生产要素进入乡村必然要追求利益回报，如何与乡村初级生产要素结合共生进而产生收益，是城市生产要素所要考虑的首要问题。因此，生产要素若要集聚乡村就需要一个前置条件，即城乡生产要素要形成一种共生关系，这种共生关系不能是偏利的共生，而应该是互利共生，才能保证要素形成产业的发展具有可持续性。因此，生产要素共生是生产要素集聚的根本前提，所以要通过土地确权，明晰所有权、承包权的归属，通过"三变改革"等方式，保证乡村层面的生态资源和劳动力、土地等生产要素的生存与空间。

（2）以质量兴业为导向改革创新农业经营模式。全面深化农村改革，围绕品牌农业，积极推进规模化经营、标准化生产、企业化管理、社会化服务，全面建设现代农业示范基地，推进乡村产业迈向规模化、集约化、专业化、社会化道路。加快实施农村土地承包经营权、集体资产产权等改革，探索开展城市社区带动型、龙头企业带动型、土地资源开发型、土地股份合作型、都市农业带动型和创业农业带动型等多种产业发展模式，为农村现代化建设、农民增收致富、城乡统筹发展注入源源不断的动力和活力。

（3）以品牌兴业为导向推进乡村产业特色化。当前，社会各界对品牌农产品日益重视和认同。以市场为导向的供需结合点和契合点，让"品牌农业"成为一个亟待开拓的巨大市场。品牌背后是特色、质量和绿色发展。认真总结信阳毛尖、固始鹅等农业品牌建设经验，实施具有差异化竞争优势的农业品牌战略，推动资源要素在品牌引领下集聚，构建农产品区域公用品牌、企业品牌、产品品牌协同发展、互为补充的农业品牌体系。加快建设布局合理、分工明确、优势互补的对接世界、全国、省内和市域四级的品牌体系。建立健全发改、财政、市场监管、商务、宣传等部门参与其中的品牌建设与宣传联动机制。综合运用政策、金融杠杆和市场选择，创造条件，补齐短板。有条件的县区设立财政专项资金，加大品牌和市场流通的扶持力度。各地将扶贫专项资金、涉农整合资金、对口帮扶资金支持产地市场体系建设、冷链物流体系建设、农业品牌建设。加强与银行等金融机构合作，拓宽融资渠道，支持企业发展。构建品牌有偿使用与监管机制。全面加强农业品牌监管，强化商标及地理标志注册和保护。强化农产品市场监管，综合运用经济、行政、法律等手段，着力清除品牌滥用现象，加大对套牌和滥用品牌惩处力度。实施"互联网+"农产品出村进城工程，鼓励农户和新型农业经营主体与电商平台对接，通过线上线下联动，畅通农产品销售渠道。在全媒体时代，既要充分用好农业展会、产销对接会、农产品推介会等传统渠道，也要积极借助大数据、电子商务、移动互联等现代传播途径，讲好信阳农业品牌故事，加大品牌营销力度，塑造一批品质过硬、特色突出、诚信经营的农业品牌。

2. 以强村富民为目标优化利益衔接机制

在全面打赢脱贫攻坚战后，各村庄尤其是脱贫村都积累了良好的产业基础与资金收入。在推进乡村振兴与共同富裕的背景下，实现村庄发展的利益共享，是现阶段进一步推进产业的合作化运营、股份制改革的重要目的。

村庄产业发展的背后依托的是村庄集体力量的支持与合作化的运营模式。同时，为了更好地适应市场化运作的需要，实现发展成果由村民共享，就需要进一步发展壮大村集体经济，在合作社与私营公司的基础上，结合二者优势推动合作化运营、股份制改革，在产业企业发展壮大、管理有力、收入丰厚的条件下逐步打造村民集体入股的"人民公司"。根据村庄产业发展实际情况与村民参与程度，逐步推进村民以资金或者土地作为资产投入参与公司运营，打造土地入股、资金入股等多种入股形式，在年中或年末根据村民户数以及入股情况进行分红，实现村民发展与公司产业发展的融合，让村民充分认识到"干得越多，挣得越多"，在提升村民积极性的同时也提升了公司的活力与竞争力，切实推动产业发展惠及全体村民。

3. 以有效帮扶为目标优化帮扶机制

继续发挥对口支援、定点帮扶等制度优势，动员社会力量积极参与，创新工作举措，对监测对象持续开展帮扶。推进帮扶主体多元化。在定点帮扶、结对帮扶的基础上，积极动员企业、社会组织等社会各界力量开展万企帮万村、志愿服务帮扶、远程帮扶等多种形式的帮扶活动。"结对帮扶"是我国社会经济发展领域独创的实现均衡发展的方法，一般是在上级政府的安排下，让社会经济或者发展较好的地区与相对落后地区结成帮扶关系，俗称的"结对子"。在未来，信阳市应结合实际探索开展公益帮扶、消费帮扶、采购帮扶、旅游帮扶、基建帮扶、投资帮扶、就业帮扶、智力帮扶等多种形式的帮扶活动；应鼓励帮扶单位着眼于长远发展制订帮扶方案，既重视基础设施补短板，也注重构建投资和产品销售链条，综合解决贫困难题，为当地长远发展创造条件；应建立健全农村低收入人口帮扶机制。首先，建立健全政策帮扶机制。鼓励有条件的地方，扩大社保兜底扶贫、产业扶贫等原有政策受益对象的覆盖面。其次，优化结对帮扶机制。扩大驻村帮扶、结对帮扶、社会帮扶范围，将农村低收入家庭纳入结对帮扶范围。再次，建立健全专业化、多元化的帮扶机制。以"困难与问题"为依据，以"补齐低收入家庭生产生活短板"为思路，采取需求发布与帮扶认领的工作机制，探索教育发展、医疗卫生、文化振兴、科技转化、产业发展、乡村振兴、乡村人才培训等专业化、针对性帮扶机制，探索多对一、一对多等发展帮扶机制。

4. 充分利用乡村振兴政策红利

按照中央关于乡村振兴"三步走"战略部署，到 2020 年，乡村振兴取得重要进展，制度框架和政策体系基本形成。截至 2021 年 9 月底，《中共中央 国务院关于实施乡村振兴战略的意见》《国家乡村振兴战略规划（2018—2022 年）》《中共中央 国务院关于全面推进乡村振兴加快农业农村现代化的意见》《中共中央 国务院关于实现巩固拓展脱贫攻坚成果同乡村振兴有效衔接的意见》及各部门联合下发了系列文件，河南省《关于实现巩固拓展脱贫攻坚成果有效衔接乡村振兴的意见》及河南省乡村产业、人才、生态、文化和组织建设五个方面划定未来五年我省乡村振兴路线图，文件都明确提出要对脱贫地区、脱贫人口及低收入人群进行适当政策倾斜，把巩固拓展脱贫攻坚成果作为底线任务。因此，信阳市在推进乡村振兴过程中，要把解决城乡发展不平衡、乡村发展不充分等问题作为重要任务，在整体提升经济社会高质量发展的同时，为更好地巩固拓展脱贫攻坚成果提供坚实基础和有力支撑。在过渡期，脱贫攻坚体制、机制和政策要逐步转向乡村振兴，未来要在乡村振兴的框架下发展。未来发展的目标是让所有人,特别是低收入人群受益,因此,乡村振兴期间的重点问题是如何帮助低收入家庭以及低收入人群发展。

5. 强化农民的主体地位

要保障农民经营主体地位,提高农民参与感;在农民自身发展中,要提高农民素质和社会生活水平。需要积极引导村庄内生力量参与其中,拓展乡村振兴资源渠道,构建多元主体支持体系,充分发挥政府、村委、村民、乡贤以及社会力量的作用,探索开展共建、共享、共治的乡村振兴发展之路。具体来说,对于政府,要进一步放宽贷款政策标准,加大政策与资金资源支持,为乡村振兴保驾护航。对于村委,要进一步加强村庄资产管理与集体经济运营,盘活更多村庄资源,引导村庄内生力量积极参与乡村建设过程中。对于村民,要针对乡村建设需求设置以工代赈的项目,鼓励其以投劳投工的方式参与其中。对于企业家、退休干部等乡贤,要充分动员,广泛宣传,鼓励其捐款、捐物并加以宣传记录,提升乡贤群体的社会荣誉感。对于社会团体和社会组织,要围绕其职能定位有针对性地鼓励、引导其为村庄建设发展提供专项资金与资源支持。通过构建多主体的协调参与体系,凝聚起乡村振兴的合力,从而更好地推进系列项目的实施与开展。

6. 以加强党的领导为宗旨加强基层党建

（1）树立基层党建是乡村振兴的主线索意识

基层党建是衡量乡村振兴成效的首要考量因素,也是乡村振兴的首要任务和根本前提。通过基层党建,发挥党员在经济发展中的举旗定向作用和在产业振兴中的攻坚克难作用,使党员在群众心目中的"能人"形象逐渐树立,为党组织思想教育、道德教育、生态文明建设与乡村治理的顺利开展打下坚实基础,群众对党组织及其安排的"致富能人"经历了从佩服到顺从再到协助的心路历程。农村基层党组织帮助村民脱贫致富的行动不仅赢得了村民的衷心拥护与敬佩，脱贫后的村民怀着对党组织的感恩之心自觉走上了乡风文明倡导者与乡村治理协助者的道路，使农村基层党组织引领乡村振兴之路走得更加坚实平稳。

（2）把激发内生动力作为提升基层党组织战斗力的根本方法

首先，实施乡村振兴政策宣讲"五讲行动"应加大乡村振兴战略及相关政策宣传。向群众讲清楚党的农业农村优先发展的惠民政策以及乡村振兴战略，从而提高群众的政治领悟力，自觉配合基层党组织的计划与实施方案，讲清楚乡村振兴战略带来的长远利益和持久效益，从而激发群众对美好生活渴望的内在推动力；讲清楚乡村振兴最新发展理念与前沿科技知识，从而激发群众的科技创新力；讲清楚在乡村振兴过程中可能遇到的困难与问题，从而激发群众勇于攻坚克难的自我表现力。讲明白乡村振兴不仅能给村民带来实实在在的经济收益，也能改善其生产生活环境并带给群众安全感、幸福感和尊严，极大满足群众的物质文化需求。其次，应提升对群众智慧的吸取力。通过召开村民代表大会、乡村青年知识分子会议、乡村贤达人士会议、乡村群团组织会议，广泛吸取村民对乡村振兴的智慧和计谋，为乡村振兴提供智力支撑。

（3）把内外资源联动作为提升基层党组织引领能力的有效途径

应通过结对帮扶、支部联建等方面，探索城乡间、产业链间、三产之间的基层党组织共建新模式，撬动城市党组织、两新组织背后的优势资源，增强基层党组织城市生产要素与本地生产要素聚合能力，用科学知识武装农民的头脑，帮助乡村发展特色产业；用城市的闲散资金解决乡村发展资金不足的难题；用城市环保理念帮助乡村兴办绿色产业与构建绿色生活方式；用城市规划理念指导乡村整修道路、兴建文化娱乐设施、修筑水利工程等。

(4) 把实施"四个自我"工程作为基层党建的基础工程

习近平基于党长期执政与纯洁性建设需要提出的"四个自我",即自我净化、自我完善、自我革新、自我提高,是农村基层党组织"修炼内功",增强自身领导能力的行动指南。自我净化、自我完善是指党组织和党员对自身存在的缺点和不足进行自觉纠正和补足以促使组织肌体健康发展的过程,是增强组织内聚力的必然要求。自我净化是指党组织"过滤杂质、清除毒素、割除毒瘤"的行动。自我完善则是指党组织"补制度之短板、强监督之弱项、固组织之根本"的行动,通过重视乡村振兴的科学性与创新性提高执政能力。在乡村振兴中,党组织的自我净化是指通过剔除党员队伍中的贪污腐败分子、勾结黑恶势力危害百姓的败类以及官僚主义作风严重的不合格党员,纯洁党员队伍,恢复党组织在人民心中的良好形象。自我完善要求党组织完善民主监督机制,管好人、财、物,公开选拔"能人"带领村民发展经济、抓好"三治"、服务人民,撤换掉不作为、慢作为、乱作为的"南郭先生",提升党在人民群众中的声望。自我革新侧重于思想观念和体制机制的除旧布新。自我提高强调通过理论学习、实践锤炼与政治历练,提高党员素质,增强党组织执政能力与本领。通过对不适应时代要求的体制机制的革新与提高党员素质能力的双轮驱动,将乡村振兴的效果逐步彰显。

(5) 把高效领导和制度规范作为基层党建的基础保障

坚持党组织的高效领导是协调推进乡村振兴的政治保证。党组织的领导是否高效决定着乡村振兴成果的成败,必须把高效治理、高效引导、高效建设作为乡村振兴的根本抓手,通过科技创新发展高附加值特色产业,结合地方特点和民族特色发展文化旅游产业,以较低的资源和能源消耗实现产出效益最大化。高效治理是指基层党组织通过激发村民民主参与管理、监督的积极性，将村民自治、德治与法治结合起来，以较低的治理成本实现乡风文明、社会和谐、服务周到、村民幸福的目标。高效引导是指基层党组织以村民喜闻乐见的方式阐释党的理论、路线和方略，以思想教育和情感交融为手段化解社会矛盾，引导农民自觉采纳绿色生产和生活方式的过程。高效建设是指基层党组织在对所在乡村调查研究的基础上，对布局不合理的乡村基础设施进行重新规划并加以改建、扩建、重建的过程。高效发展、高效治理、高效引导、高效建设是相辅相成、密不可分的，共同服务于乡村振兴战略这一大局。

党建引领是乡村振兴长效化的必要条件，基层党组织应收集各地关于乡村发展、治理、建设、振兴等方面的好经验，结合各地实际制订有利于地方振兴的各种规章制度、乡规民约，引导人民各尽所能，为乡村振兴献计出力。建立健全人才培养、引进、激励等制度规范，为乡村振兴提供人才保障。建立乡村治理制度规范，打击灰色势力，保护村民正当权益、调节村民矛盾、规范服务村民体系等。建立健全乡村发展制度规范，激发企业、合作社、农户等多元主体的积极性、主动性、创造性，拓展资金渠道，引进技术和优良品种，适度规模经营，重视集体经济发展等方面。完善乡村精神文明制度规范，弘扬乡村特色传统文化，鼓励乡村开展健康文化娱乐活动，适度开展文明家庭评选，定期开展乡村卫生评比等。建立健全乡村建设行动规范，重点做好乡村基础设施建设整体规划，增强乡村教育、医疗经费投入，加强文化体育等活动场所建设，提升乡村养老托幼服务能力等。

案例 1

从省级贫困村到最美休闲村的蝶变
——信阳市平桥区郝堂村乡村振兴经验

一、基本情况

郝堂村是信阳市平桥区五里店办事处的一个典型豫南山区村，距信阳市中心城区20公里，辖18个村民组共667户，总人口2395人，村域面积20平方公里，现有党员50名。2011年，郝堂村抢抓建设"可持续发展实验区"的机遇，实施"郝堂·茶人家"项目，走出一条具有豫南特色的绿色发展引领乡村振兴的路子。2013年1月4日，《人民日报》"寻找最美乡村"专栏首次报道郝堂村，2017年2月9日，中央电视台《新闻联播》用近4分钟时间聚焦郝堂村。郝堂村先后获得住建部全国首批"美丽宜居村庄示范"、中华人民共和国农业农村部"中国最美休闲乡村"、中华人民共和国文化和旅游部"中国乡村旅游模范村"等10多项国家和省级荣誉称号，从一个萧条破败的省级贫困村成为远近闻名的富裕村、小康村，如今，郝堂村被誉为"画家画出的村庄""望得见山、看得见水、记得住乡愁的地方"。

二、主要做法

（一）产业兴村。大力发展绿色农业，引导群众种植有机水稻、红米、荷花、蓝莓、桑葚等高附加值绿色农产品，打造"郝堂"品牌效益。水稻打出"有机"牌，每斤 8—10 元的价格，收获后即被抢购一空；茶叶打出"原种"牌，实现产销两旺；种植的蓝莓、火龙果、桑葚等品种供不应求，带动了周边发展特色种植 30 多家，1000 余人实现在家门口就业增收。发展山野菜、山货干鲜加工包装等农副产品生产加工产业，通过兴办传统酱坊、豆腐坊、酒坊、茶坊，生产销售酱菜、米酒、毛尖等特色农产品，年销售收入 900 万左右，让群众在家门口实现增收致富。实行"景区+旅游公司+合作社+农户"的发展模式，建设观荷采莲栈道、骑行休闲绿道、登山健身步道等基础设施，发展农家乐 80 余家，精品民宿 70 家，郝堂村年接待游客在 30 万人次以上，年营业收入达 3000 多万元。

（二）人才旺村。"唤回"乡土人才，平桥区政府提供担保贷款、发放奖金、给予政策优惠等多种奖励措施，村里搭建平台，为返乡创业人员提供多方支持。扭转了往昔全村三分之一人员外出务工的局面，如今吸纳了周边群众就业 200 多人，人才回流在郝堂村成为一种潮流。"引进"中国乡建院、中央美术学院毕业的生态艺术家等各方英才，先后通过招商引资培育省、市级农业产业化龙头企业 4 家，村内 80% 的餐饮休闲、农家果园采摘及农耕体验等项目是由返乡创业人员投资兴办的，往日的房空地荒现如今成为返乡人员投资兴业的热土。

（三）文化润村。依托中国乡建院、道中书院打造培训驿站，举办了音乐节、自行车山地赛、国际徒步大会等一系列在省内外有影响的活动。建设叶楠、白桦文学馆，修复张玉衡革命烈士故居，让历史记忆成为村庄发展的厚重底色。利用信阳悠久的茶文化历史，建设茶坛和陆羽祠，挖掘本土茶文化，创立本土茶品牌。举办郝堂民俗文化活动周、村民春晚、诗歌朗诵会、长街宴等活动，让民俗风情成为村庄发展的亮点。

（四）生态美村。按照"让群众动手建设自己的村庄""把农村建设得更像农村"的理念，坚持尊重自然规律、尊重乡村肌理、尊重农民意愿"三尊重"，在不挖山、不填塘、不砍树、不拆房"四不"的前提下，突出发动群众改水、改厕、改厨、改房"四改"。对村中的老屋、老墙、老井、老作坊等老建筑和老树进行重点保护，保留传统村落风貌，不搞大拆大建，实现了"望得见山、看得到水、记得住乡愁"，让乡土乡貌成为村庄发展的价值本色。推广垃圾分类，引入湿地污水处理系统，绿水青山成为美化郝堂的金字招牌。

（五）组织强村。构建以党建为引领的乡村治理新体系，把"四议两公开"工作法贯穿民主决策、管理和监督全过程，村庄事由村民共同说了算、定了办。每月10号坚持开展"党员活动日"，让党员强素质、当先锋。村党支部引导制定村规民约，成立青年志愿者协会、农家乐协会、夕阳红资金互助合作社等组织，推动村民自治，让党旗在郝堂村高高飘扬。

（六）数字治村。构建三维"数智郝堂"，建立郝堂村数字乡村数据库目录，利用3D建模技术，用一张图三维呈现"数智郝堂"的成果成效，通过数据驾驶舱挂图作业，实现以图管农、以图管地、以图防灾的数字化创新管理模式。打造未来乡村治理数字化体系，为当地政府减负增效。在蓝莓园、葡萄园及油茶园投入数字基地硬件设备，建设云上果园、质量追溯、产供销平台等应用软件。可为村集体、农产品企业、消费者提供信息管理、投入品管理、物资管理、销售管理、标签管理等功能服务，为村民提供专家诊断、农技推广、病虫害识别等功能服务。

（七）集体富村。发展壮大村集体经济，在村党支部引领下，充分发挥群众主体作用和首创精神。对村中交通便利的地段，引导扶持村集体兴建经济实体，新建生态停车场、月季游览园等经济实体，年创集体经济收入20万元以上。通过租赁、转包、参股等方式，进行土地规模化经营，提取管理费增加村级集体经济收入。全村现有4个组通过土地流转实现规模经营，年均增收3000元以上。利用景区现有优势，对村集体闲置房产，通过整修或翻修，采取租赁、承包等多种方式进行盘活，实现集体资产保值增值，年均增收30万元以上。充分挖掘荷塘资源，搞好荷塘种养开发经营，由此带动村级集体年均增收10万元以上。

三、思考启示

信阳市郝堂村的经验表明，推动中国式现代化，除了农业农村的现代化，更重要的是"人"的现代化，要带动农民实现现代化，就要求农民在参与市场、在自身发展的过程当中，不断接受新的理念，改变传统的生产生活方式，从而满足多样化的需要和对美好生活的向往。郝堂村在推进美丽乡村建设过程中，始终践行以人民为中心的发展思想，发展全过程人民民主，坚持民事民议、民事民定、民事民办、民事民管，切实保障农民的知情权、参与权、表达权、监督权，激活了乡村建设的一池春水。注重发挥"四个作用"，即发挥村支两委班子的领导作用，发挥党员的带头作用，发挥典型示范户的引导作用，发挥财政资金"四两拨千斤"的杠杆作用，让群众自己动手整治环境、改建民房、发展经济、规范制度，复兴村落文化，保护生态文化，培育民俗文化，不断增强村庄软实力，实现了产业发展和乡村建设的有效结合。

案例 2

"科技小院"推动农业农村数字化转型
——信阳市罗山县加"数"跑助力乡村振兴

一、发展背景

"科技小院"是建立在生产一线（农村、企业）的集农业科技创新、示范推广和人才培养于一体的科技服务平台。2021年3月，中共中央办公厅、国务院办公厅《关于加快推进乡村人才振兴的意见》指出："引导科研院所、高等学校开展专家服务基层活动，推广'科技小院'等培养模式，派驻研究生深入农村开展实用技术研究和推广服务工作。"2022年3月，教育部办公厅、农业农村部办公厅、中国科协办公厅发布《关于推广科技小院研究生培养模式 助力乡村人才振兴的通知》，同年7月发布《关于支持建设一批科技小院的通知》，对68个单位的780个"科技小院"予以支持建设，其中河南29个，河南农业大学牵头24个。2022年，河南农业大学为"科技小院"招收了48名硕士研究生，确保每个小院都有新生力量。目前，河南已建成60个"科技小院"，涉及小麦、花生、辣椒等多个产业，拟新建50个，打造科技助力乡村振兴的常态化阵地。2022年3月，河南省多部门联合发布了《关于开展河南省"科技小院"助力乡村振兴志愿服务活动的通知》，依托全省"科技小院"，组织动员100名以上"科技小院"专家，带领千余名研究生、本科生、技术骨干，开展百余项科技志愿服务活动。

第五章 从脱贫攻坚到乡村振兴的信阳探索 / 157

二、项目思路

"灵山科技小院"位于罗山县灵山镇，项目规划占地面积3500余亩，计划总投资5600万元。项目定位于搭建全县"智慧农业管理平台、农业科技服务平台、产品电商销售平台、农业人才培训平台"，通过院县、院校共建，"平台＋科研院校＋产业"联动，建设集科研示范推广于一体的"三农"综合服务平台。项目分为三期建设：一期建设"科技小院"，完善配套软硬件设施；二期建成"一院九园"数字农业示范研学基地，涵盖数字稻园、数字菜园、数字花园、数字茶园、数字果园、数字渔园、数字菌园、数字药园、数字家园九大应用场景；三期在罗山乃至全市范围内开展"一院九园"推广应用。通过"一院九园"示范带动，为罗山乃至信阳市乡村振兴发展提供强有力的科技支撑。

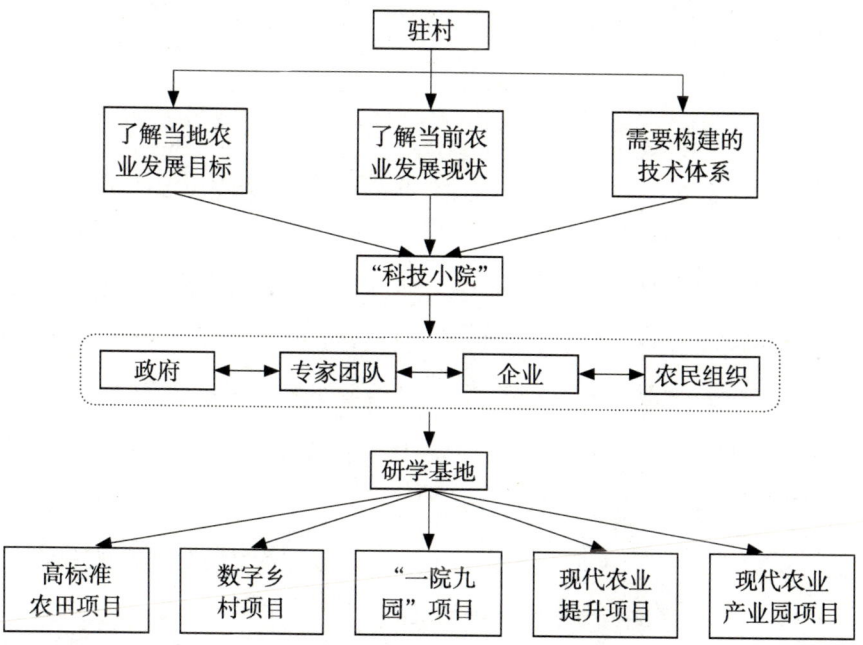

三、主要做法

（一）扎根一线把脉问诊，科研瞄准实践难题。作为项目的技术负责人，河南农业大学资源与环境学院原党委书记毕庆生以"科技小院"为载体，带领团队常年入驻罗山，与县农业农村局和县农科所成立技术指导组，负责"科技小院"科研院校技术引进及研学，为县里提供各类技术服务和人才培训。如在云上科普直播间，县农科所副研究员刘先明利用云平台与农户把"麦"问诊，和群众之间架起了信息互动的桥梁，通过群众在线咨询、专家直播答疑等方式，帮助广大群众及时、精准地解决农业生产中遇到的难点问题。又如在铁铺镇铁铺村，泰禾农业发展有限公司流转近千亩土地建设"数字菜园"，引进自动水肥系统、环境监测系统、农产品追溯系统、数字化运输配送系统，科技人员零距离、零门槛、零时差、零费用服务农户，预计水肥投入减少30%—40%，亩产量提升20%。

（二）创新"村、校、企"人才共育模式，培养实用型农业科技人才。县里提供一套独立院落和300亩试验示范田，由农业科研高校派驻研究生或科研人员常驻"科技小院"。研究生定期开展科技下乡活动，重点研究、解决农业农村生产实践中的实际问题，面向农民传授作物种植技术、病虫害防治技术、农资使用技术等，培养知农、爱农、兴农的农业高层次应用型人才。依托"科技小院"开展技术输出，结合产业发展建设研学基地，在全县范围内开展现代农业技术推广，培训本地"土专家""田博士"。2023年，全县借助"科技小院"平台共举办农技推广直播22场，农业推广培训活动10场，大学生驻地研学活动4场。

（三）数字赋能乡村发展和乡村治理。"科技小院"以"产业数字化发展"和"乡村治理信息化"为主线，融合云计算、物联网、大数据等技术，将数字技术植入产业，融入乡村治理。如东铺镇东日农机合作社使用大疆无人机飞防，一天喷药200到300亩，是传统人工的20多倍，利用高科技解放了农村劳动力。如"科技小院"的云上直播间通过直播带货销售本地的优质农副产品，积极培育乡村"网红"，助力农业产业数字化发展。又如在何家冲村的"数字家园"打造未来社区治理新场景，村党支部联合移动公司启动"党建+智慧云平台"，可以方便了解村情民情，及时解决群众需求，村民可在云平台查看村务，也可以及时上报诉求、疑问、建议等，为乡村治理现代化注入新动力、提供新路径。

（四）"投融建运管"一体化。采取"政府引导+协会支持+企业运营"模式。罗山县委、县政府成立"灵山科技小院"工作专班，下设5个工作组。组建"灵山数字农业技术协会"，针对小院运营推广制定专项支持政策和管理制度。由县投融资平台罗山宝鑫发展投资有限责任公司牵头，与罗山县科协、罗山县慧远数字科技发展有限公司签订"科技小院"运营框架协议。罗山宝鑫发展投资有限责任公司为联合运营主体单位，罗山县科协为"科技小院"运营监督单位，罗山县慧远数字科技发展有限公司为"科技小院"运营实施单位。建设资金通过罗山宝鑫发展投资有限责任公司、县产业引导基金、政府专项债等渠道解决，运营资金由罗山宝鑫发展投资有限责任公司、县财政、"科技小院"自主创收三部分组成，运营收益来源主要包括软硬件产品销售、技术输出、科普培训、农资和特产销售等。

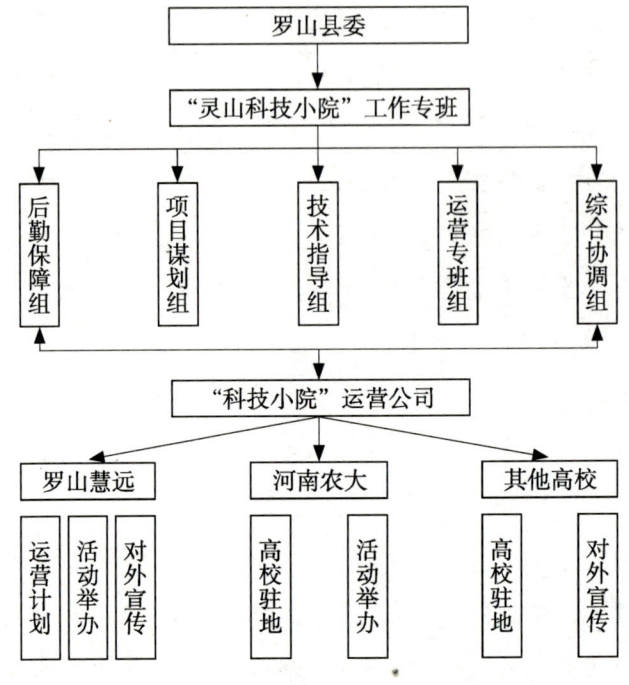

罗山县"科技小院"运行机制图

四、思考启示

"科技小院"经历了几个发展阶段：第一个阶段是在河北曲周开始，以小农户为主要服务对象，采用一帮一的形式来进行技术服务。第二个阶段是根据每个县的主导产业，依托每个产业建一个"科技小院"。当前已经进入第三个发展阶段，即"科技小院"的3.0版本，通过搭建"科技小院"平台，整合农民、政府、企业、科教力量，打造乡村振兴样板。

"灵山科技小院"可称为"科技小院"的3.0+版本，搭建了集人才培养、示范推广、技术服务、科普研学、电商销售、成果转化等功能于一体的综合性县域"三农"数字化服务平台，探索数字技术赋能乡村振兴的新模式。这是对我国传统农业技术推广服务方式的革命性探索,为高校院所服务地方经济发展提供了系统性的解决思路。

以河南农业大学等为代表的高校院所应以服务地方为导向,紧密结合地方发展实际需求,建设完善"科技小院"等校地合作基地,优化完善培训模式,通过合作办学、技能培训、定向委培等方式,培养一批乡村专业人才。针对当前"科技小院"自我"造血"能力不足的问题,要进一步提升"科技小院"的市场化运营能力,探索在县域范围综合性的农业社会化服务模式,推动"科技小院"融入县域经济社会发展大局,助力县域经济的整体提升。

第六章

全面推进乡村振兴的兰考样本

兰考县地处豫东平原，下辖13个乡镇、3个街道，463个行政村（社区），总面积1116平方公里，总人口87万。兰考县是习近平总书记第二批党的群众路线教育实践活动联系点、焦裕禄精神的发源地、国家新型城镇化综合试点县、全国普惠金融改革试验区、全国省直管县体制改革试点县。2002年被确定为国家级扶贫开发工作重点县，2011年被确定为大别山连片特困地区重点县。2014年建档立卡时，全县有贫困村115个，贫困人口23275户77350人，贫困发生率10.2%。2014年3月和5月，习近平总书记两次亲临兰考指导县域治理和减贫发展，在指导兰考县委常委班子专题民主生活会时，兰考县委、县政府承诺兰考县"三年脱贫、七年小康"。2017年，兰考县在全国第一批率先脱贫摘帽。脱贫摘帽后，兰考县把巩固拓展脱贫攻坚成果作为最大的政治任务和民生工程，加快推进同乡村振兴有效衔接工作，努力探索脱贫地区率先实现乡村振兴新路径。2013年，全县生产总值完成193亿元，公共财政预算收入完成9.2亿元。2022年，全县生产总值完成426.1亿元，一般公共预算收入完成37.16亿元。

一、兰考县全面推进乡村振兴的成效与做法

从脱贫攻坚到乡村振兴,兰考县始终践行习近平总书记关于县域治理"三起来"的重要指示,大力弘扬焦裕禄精神,不仅在全国率先高质量脱贫,县域经济、城乡融合发展、农民生活水平等也实现了全面发展,取得了显著成效。

一是县域发展活力持续增强。全县经济实力和综合实力提升显著,传统优势产业加快转型升级,战略性新兴产业蓬勃发展。主导产业培育和产业链布局充分体现了兰考县的资源优势和区域特色,夯实了强县和富民的基础。立足品牌家居产业基地,形成覆盖城乡的现代家居产业体系。依托正大、禾丰、首农、蒙牛等龙头企业,畜牧产业集群基本成型,智能制造产业集群初具规模。发展壮大县域经济,为乡村振兴提供了更多产业发展空间和就业岗位。

二是改革创新动能持续增强。深入推进"减县补乡"改革、农村宅基地和集体产权制度改革、"放管服"改革等,释放县域发展活力。加强农村改革创新,完成土地承包经营权确权登记颁证,推进农村土地"三权分置",通过创办合作社、入股、租赁等形式,不断壮大集体经济。强化战略性新兴产业引领效应,加快高科技产业园项目建设,引导智能制造和IT产业入驻,打造兰考科技产业园,培育、建设高科技产业孵化、展示及智能制造中心。

三是城乡融合发展加快推进。做强县城、做优镇区、做美乡村、做靓庭院,促进城乡融合发展。深度融入郑开兰同城化进程,用城区管理标准管理镇区,用全域旅游理念建设美丽乡村。城乡区域发展差距、

城乡居民收入水平差距持续缩小，低收入群体增收能力和社会保障水平明显提升，公共服务日趋均衡，居民生活品质迈上新台阶。2023年，兰考县政府工作报告中提出学前教育普惠率达到71.1%。职业教育扩容提质，初步形成从中专到本科的梯次技能人才培训体系。医共体改革初见成效。建成城镇社区养老服务中心32所，实现城区社区日间照料中心全覆盖。探索农村互助式集中养老新模式。

四是农村人居环境整体提升。做美特色乡村，全面推广"一宅变四园，乡村变公园"，打造了游园、果园、花园、菜园，发展庭院经济，既美化环境又增加群众收入。2023年，兰考县政府工作报告中提出全县改厕率达98%，农村生活污水处理率达49%，形成"户户整洁、村村美丽"、全县"一个大花园"的生态宜居环境。形成30分钟通勤圈，为乡村带去了人气、财气、底气。

五是乡村治理更加有效。建强村民自治委员会、村集体经济股份合作社、村务监督委员会等自治机构，完善村民理事会、红白理事会等自治组织，逐步健全乡村治理体系。持续开展"四级文明"创建，评选星级"文明户"和好媳妇、好婆婆等先进典型，不断提升乡村治理效能，增强群众归属感、获得感和幸福感，推动形成了文明乡风、良好家风、淳朴民风。

2022年，全县生产总值完成426.1亿元，同比增长4.5%；规模以上工业企业增加值同比增长7.0%；社会消费品零售总额完成226.1亿元，同比增长1.9%；固定资产投资同比增长13.6%；一般公共预算收入完成37.16亿元，同比增长5.3%，经济发展韧性不断增强。县域经济高质量发展为脱贫攻坚和乡村振兴提供了有力支撑。

兰考县始终以习近平新时代中国特色社会主义思想为指导，坚决贯彻落实党中央、国务院的决策部署和河南省委、省政府的落实安排，在脱贫攻坚与乡村振兴有效衔接阶段以及全面推进乡村振兴阶段坚持守住两条底线，坚守三个重点工作内容。将"不发生规模性返贫、确保粮食安全"和"乡村发展、乡村建设、乡村治理"与乡村振兴二十字方针和五大振兴贯穿起来，在发展壮大县域经济促进乡村振兴方面取得了显著成效，积累了经验。

（一）坚持党建引领，把习近平总书记的"联系点"建设成"示范点"

兰考县将实践习近平新时代中国特色社会主义思想，建设县域高质量发展与乡村振兴示范点，不断回应人民对美好生活期盼，作为谋划经济社会发展全局的出发点和落脚点。不断从百年奋斗中汲取智慧，始终坚持、不断加强党对"三农"工作的全面领导。充分发挥各级党组织在把方向、管大局、促落实中的作用，凝聚全党全社会力量，团结一致攻坚克难，向乡村振兴的伟大目标迈进。

首先，始终坚持党对"三农"工作的全面领导最重要的是要坚持思想引领。思想是行动的先导，是正确认识全面推进乡村振兴的意义，是实现共同富裕的重要基础。脱贫攻坚任务完成之后，思想引领一直是兰考县实现全面小康、共同富裕根本前提。习近平总书记关于扶贫工作的重要论述，是打赢脱贫攻坚战的行动指南和根本遵循。在脱贫攻坚阶段，兰考县坚持从习近平总书记扶贫论述中找方向、找方法、找标准，各领域经常集中研讨，"支部连支部"共同学习，广大干部群众认真学好习近平总书记关于脱贫攻坚的最新论述和重要指示精神，深入了解和把握党中央关于脱贫攻坚的决策部署，特别是党的十九届五中全会提出的"脱贫攻坚成果巩固拓展,乡村振兴战略全面推进"的要求,确保各项工作沿着正确方向前进。在乡村振兴与巩固脱贫成果有效衔接、全面推进乡村振兴阶段,兰考县不断强化开放理念,主动融入中原经济区、郑州航空港经济综合试验区、郑洛新国家自主创新示范区建设,抢抓东南沿海产业转移机遇,坚持更高水平"引进来"和更大步伐"走出去"并重。既体现了兰考县人民大胆创新、踏实能干的精神,也展现了兰考县干部群众不断践行新发展理念的精神。

其次,始终把坚持党对"三农"工作的全面领导体现在深入贯彻习近平总书记系列重要讲话,特别是调研指导兰考工作时的重要讲话精神的行动上。统筹推进"五位一体"总体布局和协调推进"四个全面"战略布局,大力传承弘扬焦裕禄精神,坚持以人民为中心的发展思想,突出以新发展理念为引领,以稳定脱贫奔小康为总目标,以供给侧结构性改革为主线,以重点项目建设为抓手,以改革创新为手段,以优化发展环境和提升服务能力为支撑,着力推进独具兰考特色的产业体系、新型城镇化体系、公共服务体系建设,把习近平谈治国理政新理念新思想新战略落实到科学发展和县域治理的各个层面,努力在县域发展上探路示范,确保全面推进乡村振兴战略,争当科学发展和县域治理排头兵。

再次,持续开展党建引领活动,把党的领导落实到各个环节。如围绕"巩固脱贫攻坚成果、基层党建、乡风文明、美丽村庄"开展重树"四面红旗"评选活动激励村干部比学赶超;打破村党支部书记任职、待遇、晋升三个"天花板",积极开展"五星"支部创建活动,不断营造担当实干的浓厚氛围。兰考县注重在乡村振兴工作一线培养、识别、选用干部,进一步健全驻村干部激励机制,牢固树立"重基层、重一线、重实绩"的用人导向,让老同志有获得感、新同志看到希望。

（二）坚决守住两条底线，夯实县域经济发展、全面推进乡村振兴的基础

兰考县全面落实粮食安全党政同责，确保粮食播种面积稳定，在高标准良田建设、新型经营主体打造方面下功夫。要坚决守住不发生规模性返贫底线，将有返贫致贫风险和突发严重困难的农户纳入监测范围，将有可能出现返贫风险的农户分类监测，在政策不改的情况下，调动农户的内生动力，从根本上杜绝出现返贫问题。

一是坚决守住不发生规模性返贫的底线。农村富不富，关键看支部；支部强不强，要看"领头羊"。不发生规模性返贫需要继续充分发挥"领头羊"的作用。习近平总书记指出，凡是发展好的村，都有一个好支部、好书记。乡村干部是党执政大厦地基中的钢筋，新时代下，必须坚持党建引领乡村全面振兴，以提升基层党组织组织力为重点，全面加强基层组织、基础工作、基本能力建设。兰考县不断探索人才流动机制。打破壁垒，让人流动起来是兰考县的重要用人制度的探索。深化人事管理制度改革，有效解决基层人手不足问题，激发工作活力，促进工作效率大幅提升。深化企业人才改革，综合考评人才素质，为培养治理型人才做好储备。建立争先创优机制，激发基层干部全身心投入到乡村振兴工作。同时，兰考县持续开展"学习弘扬焦裕禄精神好干部""驻村扶贫工作标兵"等评选活动，探索建立干部在扶贫一线锻炼、成长的用人机制。此外，鼓励返乡创业，激励干部领着农民干成为兰考县的特色。招商引资和招才引智并举，在对外开放中增创发展新优势，开拓发展新空间，是兰考县能够在资源分配不均衡的情况下依然能够取得丰硕成果的重要方面。坚持贯彻政策兜底机制，确保农户脱贫不脱政策。在

乡村振兴与巩固脱贫成果有效衔接阶段、全面推进乡村振兴阶段，兰考县始终做到脱贫不脱政策，继续坚持专项扶贫政策，继续坚持不摘监管的政策。主要通过动态调整政策内容，继续把延续脱贫攻坚的好做法、好政策贯彻好。在优化产业结构方面，调整产业发展模式，实现产业发展在乡村振兴中的作用，确保群众有业可发展。另外，健全防止返贫动态监测和帮扶机制。通过出台各类预防风险的实施方案，建立基层干部排查、部门筛查预警、农户自主申报相结合的预警性常态化排查机制，加强农村低收入人口常态化帮扶切实做到动态排查、精准识别、有效帮扶。兰考县还要继续巩固提升"两不愁三保障"的成果。在严格落实中央及省里的政策基础上，优化调整脱贫攻坚期的政策措施，制定教育保障、医疗保障、住房保障、安全饮水用气、产业帮扶、就业创业、金融扶持、资产收益、人居环境改善、社会帮扶、综合保障、耕地补差等县级十二项帮扶措施，确保各项政策精准兑现到户到人。

二是坚决守住粮食安全的底线。稳住农业基本盘，确保农业稳产增产。聚焦粮食生产目标任务，落实"长牙齿"的耕地保护硬措施。粮食产量实现的前提是播种面积的相对稳定。中央一号文件强调要全面落实粮食安全党政同责，严格粮食安全责任制考核，确保粮食播种面积和产量稳定。重点推进高标准农田建设和中低产田改造，持续提升耕地质量。中央一号文件明确提出要全面完成高标准农田建设阶段性任务，加大中低产田改造力度，提升耕地地力等级。探索构建高效稳定的土地流转关系，推动粮食生产适度规模经营。推动新型经营主体采取土地股份合作、土地托管、代耕代种等多种方式发展粮食生产适度规模经营。首先，稳定粮食种植面积，确保粮食产量达标。兰考县以建设粮食生产核心区为抓手，落实"长牙齿"的耕地保护硬措施，坚决遏制耕地"非农化"、防止"非粮化",严守耕地红线,确保全年粮食播种面积的稳定。其次,加快高标准农田建设,提升粮食产量质量。兰考县探索社会化合作新路子,和河南省豫资城乡一体化建设发展集团有限公司等大型涉农企业合作,进行土地适度规模流转,按照一定标准提升高标准农田的面积,打破村级、乡级的界限,实现水肥一体化、数字赋能、基础设施一体化全覆盖。再次,做好农技服务,提高农耕活动的科学性。兰考县组织技术人员深入田间地头开展苗情调查,根据调查结果制定下发相关文件,制作播种管理视频,取得较好的效果。最后,加强农资监管,确保农业生产安全。兰考县以种子、化肥、农药等农资为重点,深入开展春季农资打假专项治理行动,严厉打击制售假冒伪劣农资等违法行为,确保农业生产正常秩序。

(三)把强县与富民统一起来,以县域经济高质量发展带动乡村全面发展

兰考从县域特色优势出发,全面完整准确贯彻落实新发展理念,立足新时期兰考发展的内外部环境,以扩大开放抢抓发展机遇为县域经济高质量发展寻找新动力。在发展路径谋划方面,兰考主动融入"郑开一体化"发展、不断加强与长三角地区联系建设"双飞地"经济,持续做强县域木制品加工(品牌家居)、现代畜牧业等主导产业,坚持做优"新三宝"(蜜瓜、红薯、花生)等富民产业。推动县域经济高质量发展,促进乡村全面振兴和共同富裕,强县是根本、富民是目标,把"强县与富民统一起来",发展县域经济促进乡村振兴。

一是着力培育强县产业。以工业集聚区(工业园)为依托,通过补链、强链、延链,提升产业集聚程度,完善产业生态,做优做强主导产业,

打造细分领域的竞争优势。兰考县2023年政府工作报告显示，近年来，品牌家居产业及木制品行业引进企业1700多家，其中上市公司投资7家，产业链产值突破320亿元。依托格林美、立邦固废产业园形成"回收—分拣拆解—再制造—再生产"闭环体系，投资50亿元的国电投新能源产业园开工建设，可再生能源发电量占比达90%。成功入选"十四五"国家"无废城市"建设名单。引进杭萧钢构，深入对接上海宝冶、欧本德弗等装配式建筑龙头企业，争创国家级装配式建筑示范城市。依托正大、禾丰、首农、蒙牛等龙头企业，畜牧产业集群基本成型，全县禽、牛、羊年出栏分别为2952万只、7万头、90万只，优质饲草种植达15.3万亩。上海民族乐器一厂兰考生产基地项目稳步推进，堌阳镇音乐小镇商业街全面建成，荣获"中国民族乐器之乡"称号。富士康年产值达到51.6亿元，智能制造产业集群初具规模。与郑州高新技术产业开发区共建飞地园区，高新控投、森思达新能源科技、太龙药业3个项目顺利签约。

二是提升就业带动能力。就业是民生之本，引进劳动密集型企业，增加县域就业岗位供给、提升劳动力就业技能和就业能力，是县域经济发展的重要内容，也是就业富民的有效路径。引进富士康等劳动密集型企业，壮大乡镇产业园促进龙头企业配套产业发展带动就业，支持和推动扶贫车间建设。2022年，新增农村劳动力转移就业1.03万人、城镇就业1.7万人。新增创业人员4006人，带动就业1.2万人，发放创业担保贷款1.18亿元，发放一次性开业（创业）补贴17.5万元。深入推进"人人持证、技能河南"建设，完成职业技能培训3万余人，培育新技能人才1.8万人（其中高技能人才3682人）。

三是联动乡村经济发展。结合县域基础和农民发展愿望，构建鸡、鸭、牛、羊、驴的畜牧产业体系，通过扩大产业覆盖面带动群众。脱贫摘帽后，兰考县在产业发展中做减法，突出全产业链发展，重点培育奶牛＋肉羊产业体系，建立"龙头企业做两端、农民群众干中间、普惠金融惠全链"的发展模式。以蜜瓜、红薯、花生兰考"新三宝"特色产业为抓手，种植蜜瓜、红薯、花生分别为3万亩、8万亩、25万亩，依托354家合作社和215家家庭农场带动8.4万余人参与发展和增收，全县土地规模流转率达到60%以上。塑造"拼搏兰考好产品"，推动标准化、规模化、品牌化发展，利用土地、劳务等合作社和家庭农场等新型经营组织，促进小农户与现代农业有效衔接。

（四）把改革与发展结合起来，深化县域改革为高质量发展营造有利环境

在找准发展路子的基础上，兰考县深化县域改革，着力让人、地、钱的要素都活起来，营造良好的创业干事环境，让各种要素充分激活、集聚，为壮大县域经济提供支撑。

一是围绕"人"改。提振发展精神、改善发展面貌，首先要解决干部干事热情和干事能力的问题。把县域经济高质量发展、脱贫攻坚、乡村振兴作为识别干部、锻炼干部的契机，充分用好事业单位改革政策、职务职级并进政策，激发干部动能形成全员争先创优的干事氛围。工作落实在基层、落实靠基层，尤其是村一级，以换届选举为契机，配强村级班子，通过评选"四面红旗"，激发村干部干事热情；通过提高待遇、解决后顾之忧等方法，建强村级干部阵地。人的要素还体现为人力资本，围绕着县域经济发展、产业需求，用好兰考职业技术学院、兰考三农职业学院等资源，实施"人人持证、技能兰考"工程，提升就业能力。

二是围绕"地"改。解绑县域经济发展面临的国土资源和生态环境的硬约束。在确保粮食安全和耕地红线的前提下，如何盘活沉睡存量土地资源，是县域发展要素支撑的难点问题。做好"三块地"改革，则是挖掘潜力、拓展空间的基本方法，也是促进农业农村现代化的根本路径。在承包地改革方面，兰考县统筹粮食安全和农业高质量发展，着力推进高标准农田建设，通过国资公司统一经营，农户、村集体全面参与的方式，推动适度规模化经营。农户流转土地收益更有保障，村集体参与经营集体经济收入有了稳定来源，国资公司统一经营，农业综合产能、抗风险能力显著增强。同时，实现了地越种越多（每百亩约整理出5—6亩新增耕地）。在宅基地改革方面，试点通过美丽乡村建设与清理清退超标使用宅基地统筹推进、空心院回购整治（一宅变四园）、宅基地置换新房产等方式，清理腾挪建设用地指标，试点村户均腾退约0.4亩。腾退建设用地指标"入市"交易，产生收益由县、乡、村三级分配，村级在使用收益方面，统筹考虑村庄产业发展和养老等公共事业发展需求。在集体经营性用地改革方面，以集体产权制度改革试点为抓手，着力打破城乡要素流通障碍，探索推进农村集体经营性建设用地入市，转为国有建设用地，让乡村的土地能交易，让农民手中的地更值钱，土地增值收益县、乡、村三级共享分成。着力解决农村集体经济发展中存在的瓶颈，创新村级集体经济发展模式，探索土地入股、土地托管、生产服务等运营模式，培育壮大村集体经济，推动农业产业向规模化、标准化、品牌化迈进。

　　三是围绕"钱"改。金融是县域发展的源头活水。推进数字普惠金融改革，完善"一平台四体系"普惠金融兰考模式，切实改善了兰考县金融服务的覆盖面、可得性和满意度。深化投融资体制改革，扩大县级融资平台基金收入，扩大举债空间；积极利用市场化手段开展政策性融资。此外，着力争取更多中央资金和社会投资。

四是围绕"事"改。不断优化营商环境，建立首席服务官制度，主动上门为企业排忧解难；深化涉企涉民事项改革，不断简政放权，切实减轻企业负担；规范涉企执法行为，营造清亲政商环境。

（五）把城镇与乡村贯通起来，构建"县—乡—村"三级连贯的城乡共同体

一是重视基础设施建设，实现城镇和乡村贯通。推进基础设施一体化，切实提高群众的幸福感和获得感。实施区域贯通行动，推进长三角城市和山东半岛城市群联动工程，加快吸引长三角城市群资金、技术、人才、信息等资源要素向兰考县辐射，积极发展集智能交通、智能枢纽、多式联运于一体的区域物流体系，促进互联互通。重视郑开同城和郑洛西高质量发展合作带融通工程，实施城乡空间贯通行动，加快农村一二三产业融合发展、城乡产业融合发展。推进教育提升、全民健康、养老提质、社会保障、文化普惠等工程。

二是坚持推进以人为本、城乡一体化高质量发展。在全面推进乡村振兴进程中，兰考县坚持以人民为中心的发展思想是通过发展富民产业、改善人居环境、实现共同富裕目标，让群众过上富足生活，改善党群关系，夯实执政基础等方面体现的。凡是群众需要的克服困难、创造条件也要解决，凡是群众反对的坚决不干，决策时多想想群众的需求，过程中多体会群众的感受，收官时多听听群众的反映，将始终为群众谋幸福作为一切工作的出发点和落脚点。把财力更多投向民生领域、投向社会事业，投向弱势群体。优化教育资源配置，实现教师合理有序流动，消除城区大班额，在乡镇政府所在地或人口集中区域，解决乡镇基础教

育薄弱问题，实现农村教育均衡发展。加强高中和职业教育，教育教学质量明显提升。以全民健康为目的，健全覆盖城乡的医疗保险体系，让所有人都能看得起病、看得好病，实现小病不出乡、大病不出县。

三是以农村能源革命为契机，充分利用兰考县风、光、地热、燃气等资源优势，发展冷热电燃气三联供及地热相补充的供热、供冷模式。推进县域产业和居住集中供热、供冷。持续提升救助、社保、养老等社会保障能力，稳步提高基本公共服务均等化水平，努力使发展成果惠及更多群众，切实增强群众的现实获得感。通过乡村振兴战略的推进，帮助群众增收致富，切实转变干部作风，进一步拉近党群干群关系，显著发挥基层党建的作用。

二、兰考县全面推进乡村振兴面临的困难与挑战

（一）县域产业发展科技支撑还不够强

总体上看，兰考县域经济体量依然较小，创新发展能力薄弱，融入区域产业体系深度有待进一步拓展，主导产业受经济大环境影响较大，尤其是受整个房地产行业不景气影响，县域家居制造产业经营压力上扬。

产粮大县乡村振兴模式探索虽然取得成绩，但面对多方面困难。兰考县是粮食大县，在扛起粮食安全责任的基础上促进乡村全面振兴探索出了一些有益的经验，如红庙镇通过高标准农田建设、推进土地托管等经营形式创新、完善农业现代化与农村现代化统筹推进政策体系等方面取得了明显成绩。但粮食产业持续增收压力较大，农村社会服务供给对日益增长的服务需求回应能力不够。

县域经济对县城周边乡镇和村庄辐射带动能力显著，但偏远乡镇

与村庄乡村产业振兴依然面临较大压力。虽然县域经济持续增长带动了越来越多的乡镇和村庄发展,但由于其规模总量依然较小,对乡镇经济和村庄经济的带动能力依然有待提升。

(二)内生发展动力依然比较弱

兰考县在做大做强产业,实现可持续带贫致富方面取得了一定成绩,实现了"多上产业到做强产业"的转变。但存在带动脱贫群众发展产业单一和就业能力不足等问题,以至于在抵御返贫风险方面存在能力不足问题。未来工作中,需要重点推出龙头带动型产业,尽最大的努力覆盖所有已经脱贫的农户,完善以"龙头企业做两端,农民群众干中间,普惠金融惠全链"的发展模式,实现稳定增收。鼓励引导监测户自主参与到能人带动型产业汇总。

在做好"生活富裕"衔接方面存在不足,主要表现在脱贫户以及脱贫村的韧性不够等。乡村振兴阶段,让脱贫人员稳定增收不返贫,让非贫困户持续增收富起来还需要付出很大的努力。新时期,"三农"工作是党和国家的核心问题,稳定就业、促进发展、提升发展能力,实现勤劳致富是兰考县在面对低抵御风险能力、低韧性的情况下,需要深入推进的工作。

(三)人才储备缺口大、乡村治理难点多

兰考县积极增加发展成果共享的受益覆盖率,通过走市场化道路,调动群众共治的积极性。这些成就的取得为实现共同富裕提供了动力,但依然存在人才流失、乡村治理体系结构不完善等问题。

就兰考县而言,人才流失比较大,留住人才的政策还需要进一步

完善，与县域发展对人才的需求相比，目前兰考县人才缺口比较大，这对推进乡村振兴，推动共同富裕，是一个极大的挑战。教师队伍储备量不足，尤其是乡村教师，较难引进来，教师队伍难以成规模；乡村医生的专业化需要提升，医护人员的待遇没有实质性改变。

推动县域经济高质量发展在于抢抓机遇，兰考县在有效加强乡村治理，推动社会治理和服务重心向基层下移方面存在一定的问题。习近平总书记强调，要创新乡村治理体系，走乡村善治之路。兰考县在全面推进乡村振兴阶段，依然要重视探索加强基层治理的好做法、好机制，并延续和进一步完善好做法，围绕"健全自治、法治、德治相结合的乡村治理体系，让农村社会既充满活力又和谐有序"，继续积极推进工作。

（四）县域经济发展的要素约束作用日趋凸显

兰考县在县域经济高质量发展中，创造更多高品质就业机会，并不断提升居民通过自身资源禀赋和能力在初次分配中获取更多收益的能力。但是，由于农业生产要素的制约，在推动农村农业产业发展方面依然面临诸多挑战。诸如耕地资源的保护和使用、劳动力动力不足、人口红利下滑等，导致在县域层面发展经济、实现社会转型，具有一定的难度。

产业是强县之基、富民之本，是提升经济发展的内在动力。但由于近年产业发展的空间受到制约，再加上新冠疫情的反复为产业提升尤其是农业产业发展带来了极大的困境。相比较而言，县域是一个有限的治理发展单元，有限的地域、有限的人口、有限的资源决定其难以形成较大规模的产业群体。这就要求县域经济发展另谋出路，走特色化的发展道路，凝练产业发展比较优势，培育发展特色产业。

与此同时，由于青壮年劳动力外流，乡村发展、乡村建设以及乡村治理所需的人才呈现人力资本短缺的问题。这也要求兰考县要持续在增强居民内生动力和自我发展能力上下功夫，以弥补人力资本短缺问题。在摆脱发展贫困的同时，更要摆脱精神上的贫困，实现彻底脱贫奔小康。随着人口出生率的下降，人口红利下滑，提高县域经济发展质量的要素约束越来越明显，面对这一挑战，兰考县应该更加重视统筹推进农业农村农民现代化。

三、兰考县全面推进乡村振兴的对策建议

从打赢脱贫攻坚战到全面推进乡村振兴的实践探索中，兰考县在实现全面小康目标后，正在朝向共同富裕的目标前行。兰考县持续扛牢旗帜、勇于担当，在新发展阶段中把准定位，在新发展理念上实现新突破，在新发展格局中展现新作为，继续在乡村振兴和共同富裕进程中走在前、作示范。就全国而言，城乡发展差距依然比较大，乡村也只有在城乡融合发展下才能全面振兴，可见，发展县域经济促进乡村振兴，本质上是在推进城乡融合发展中发展壮大县域经济，实现县域经济发展与乡村振兴的良性互动。为此，建议从以下方面继续着力。

（一）始终把县域经济高质量发展摆在突出位置

高质量推动县域经济发展，不断做大"蛋糕"，是实现城乡共同发展、共同富裕的物质基础。从产业发展来看，激励和引导贫困群众发展产业、勤劳就业，是脱贫可持续的内生动力。牢牢抓住产业、就业两个重点，坚持"支持有产业发展能力的群众发展产业，帮助没有产业发展能力的群众在产业发展中稳定就业，鼓励没有稳定就业能力的群众自食其力勤

劳致富"的工作思路，持续巩固提升脱贫成效的同时，推进乡村全面振兴，逐渐迈向共同富裕阶段。

继续发挥农村居民经济合作社的作用，实现村民分红目标，提高村民的生活质量；重视一二三产业收入相结合，通过发展特色产业，促进乡村发展；持续抓好农村五项重点工作，加快推进造林绿化，大力实施国储林建设，切实抓好水利建设，进一步完善水利设施。规划建设的道路、河道工程完成，打造水景观。县域治理"三起来"体现了县域治理的系统观、整体观和全局观，是县域实现高质量发展的根本遵循。在具体的工作中，兰考县坚持以居民生活富裕为根本，坚持农业农村优先发展，建设现代农业、现代农村，坚持新型城镇化和乡村振兴两手抓，推动农村经济和社会全面进步。

进一步加强融入"郑汴一体化"、对接经济发达地区的市场、技术、需求，加强与郑州、长三角等地区的产业协作，在持续做优既有主导产业的同时，着力打造县域经济新支柱。把人民的需要作为县域发展和县域治理的出发点和落脚点，不断回应民生之盼。发展特色产业，壮大现代家居产业体系，大力发展畜牧产业，壮大富民产业，搭建契合实际的产业体系，推动标准化、规模化、品牌化发展，强化绿色发展的新发展理念，在乡村振兴中保持永续发展的目标和方向。强化产业生态，增强产业振兴的生命力。产业生态运营的关键是营造更加有利于产业发展的环境，吸引企业、产业聚集，让产业链不同的企业建立共生、共享、共融的产业生态圈。

（二）健全县域内城乡融合发展促进乡村振兴的工作体系

健全制度体系，强化政策落实。加强顶层设计，完善产业就业、基础设施和公共服务等方面城乡融合发展的体制机制和政策体系。推进政策落实，赋予县级更多资源整合和统筹发展的自主权。完善考核评估制度，明确评估目标、规范评估方案，为切实提升城乡融合发展工作绩效提供指导。

加强规划引领，确保有序推进。在国家、省相关规划指引下，鼓励县级层面编制县域内城乡融合发展等规划，促进"一县一策"，加速推进县域内城乡融合发展。

找准薄弱环节，提高综合成效。完善基础设施建设和提高基本公共服务均等化水平，加大交通、金融、数字等基础设施建设的投入，促进城乡之间的互联互通，加快补齐基本公共服务短板，尤其加大对经济落后地区的医疗设施投入和建设、加强在西部优质教育资源的配置。充分发挥中心城市的集聚与辐射作用，城乡融合高水平地区和低水平地区呈现核心—边缘的分布模式，应该通过中心城市与周边地区之间的基础设施与公共服务共建共享、产业专业化分工协作实现中心城市带动周边地区城乡融合水平的提升。切实推动外来人口全方位融入城市、融入常住地，享受均等公共服务，在城乡融合水平较高的县域，人口集聚能力对城乡融合水平的影响较大，未来城乡差距的缩小过程在很大程度上将统一于以转移人口融入常住地为核心的高质量城镇化进程中，推动高质量的新型城镇化建设有助于同步缩小城乡差距和区域差距。

关注重点区域，确保因地制宜。在东北地区，亟须改善营商环境、增进人才支持、重振经济活力，优化交通基础设施布局、完善数字乡村建设，提高城乡互动水平。中西部地区，应针对性补齐县域经济实力、乡村发展水平、城乡互动基础和城乡收入差距的短板。另外，针对脱贫县、少数民族县、国家重点生态功能区、革命老区和省际边界县等特殊政策区，应着力提升耕地质量和利用水平，提高受教育水平和增加人力资本积累，关注多元文化的交流融合。

健全监测体系，强化数据支撑。目前在县域内城乡融合发展研究、进展评估过程中，存在指标体系不完善、数据收集难度大等问题。亟须建立健全县域尺度的统计监测体系，着力加强部门协同、数据协同，完善监测机制，提升县域数据治理及质量评估能力，通过动态监测与科学评估，充分发挥"以评促建、以评促改"的作用，助力县域内城乡高质量融合发展。

（三）坚定不移推进城乡发展领域的改革持续深化

加强县域工业化、城镇化对产粮乡镇乡村振兴的支撑，拓展富民产业，创造更多非农就业机会，不断扩大产粮乡镇就业机会和收益，促进农业人口就近就地城镇化。在不断壮大县域经济的同时，进一步加强县域经济对乡镇和村庄的辐射带动作用，稳步有序推进全域乡村全面振兴。

持续推进县域各项改革实务，破除各类瓶颈约束，激活沉睡资源。乡村振兴为共同富裕目标打下基础。不断完善市场经济制度，用改革创新的办法，让市场经济更好运转，发挥利益联结作用，但不扭曲市场运行规律。把乡村振兴战略作为"三农"工作的总抓手，集中精力搞好"三农"工作，谋划乡村振兴的总体规划。坚持以乡村振兴统揽经济社会发展全局，统筹县、乡、村各层面力量协同推进。乡村振兴不仅仅是乡村的振兴，更是以整个县域为主阵地的振兴。要以县域经济为龙头引领乡村发展，以乡村发展促进县域改革发展。推进乡村振兴和推进新型城镇化并不相互矛盾，而是相互促进的统一有机体。

按照城乡融合发展的要求，打通村域、乡域界限，谋划乡村发展、乡村建设、乡村治理。环境美化、庭院改造、污水治理等，做在前面。一方面，坚持组织力量上的统揽。在乡村振兴的推进工作中，完善责任体系，制定推进乡村发展、乡村治理的实施方案、行动计划、责任分工意见等，清晰界定各县级干部责任分工及行业部门的责任。另一方面，还要健全统揽机制，建立确保乡村振兴、乡村治理的工作机制，达到思想上的认同，确保行动上的协同，明确不同部门在乡村振兴中的责任担当，把分管工作与乡村发展结合起来。此外，严格按照"资金跟着项目走、项目跟着规划走、规划跟着脱贫目标走、目标跟着扶贫对象走"的原则，统筹使用整合涉农资金，提升项目成功率。

（四）多形式多举措增强内生发展动力

在拓展增收机会的同时，通过人力资本建设，提升就业能力和增收能力，持续扩大中等收入群体规模。要促进县域公益慈善事业发展，做好低收入人群帮扶长效机制。提高居民收入是共同富裕的首要目标。提升居民人力资本、技能水平，创造更有质量的就业，对无劳动能力及弱劳动能力者，完善保障、救助和帮扶，从而提升社区和家庭的福利功能。既要强化技能帮扶，稳定扩大就业规模，还要实现技能打底，努力做到人人持证；关注留守妇女、弱劳动力，开发公益性岗位，推进"一村一品"，集体入股吸纳群众参与致富，确保就近、就地、就优实现高质量就业。

通过再造、整合、重组巩固提升资源要素，将其培育转化为创新能力、人才集聚、竞争优势。兰考县充分发挥人的优势实现更高质量就业。比如，组织驻村工作队、专职协管员摸清农村劳动力就业情况，开展"人人持证、技能河南"建设，依托兰考三农职业学院与县内龙头企业合作，培育输出更多人才。再如，大力吸引乡贤回归发展一乡一业、一村一品，引导居民就近、就地就业。

激发公益慈善正能量，让县域公益慈善部门高效运转，建成人人可为、人人参与的公益慈善体系，大力促进志愿服务，还要实现党建引领、五社联动。一是要牢记以人民为中心的发展理念，践行焦裕禄书记"亲民爱民"精神，推进民心工程，使群众更富裕、生活更幸福，增加公益事业中公益岗位的数量，提高公益岗位的质量。二是加强乡风文明建设，兰考在村内设有社会主义核心价值观等5类公益广告，设立有卫生健康等知识宣传栏，实现文明实践活动常态化，理论宣讲常规化，设立志愿者服务站点，提供完善的志愿服务。三是加大公益性岗位开发力度。按照"按需设岗、一岗一人、动态管理、总量控制"的原则，做好就业兜底安置。

坚持党建引领，为县域经济健康发展和乡村全面振兴提供有力政治保障、组织保障。

案例 1

开展"三大"行动在高质量发展中全面推进乡村振兴
——兰考县三义寨乡白云山村强村富民实践探索

一、基本情况

兰考县三义寨乡白云山村位于乡政府西南部 1.5 公里处，辖 1 个自然村，4 个村民小组，315 户 1100 人，耕地面积 1780 亩。

产业振兴是乡村振兴的重中之重，培育壮大县域富民产业是做好"土特产"文章的内在要求。近年来，兰考县三义寨乡白云山村通过扎实推进乡村发展、乡村建设、乡村治理"三大"行动，走出了一条强村富民的高质量发展之路，为全面推进乡村振兴、逐步迈向共同富裕打下了坚实基础。

二、主要做法

（一）温室大棚孕育乡村特色产业。2018 年，陈保超返乡担任村支书，面对村集体收入多年为零的状况，他带领群众多次到山东寿光学习蔬菜产业发展先进经验，最终锚定日光温室大棚发展西红柿种植的路子。2019 年，全村流转 1700 亩土地到合作社，首期建设温室大棚 38 座，每座大棚实现当年净收益 8.5 万元。2020 年以后，村集体经济收入超过 50 万元。截至 2023 年 6 月，白云山村大棚园区总投资 3600 万元，分三期建设温室大棚 165 座，占地 1034 亩，每天用工不低于 500 人，每座大棚年均收入不低于8万元，共带动脱贫户、监测户18户，涉及温室大棚52座，每户年均增收6万元以上，参与种植的122户村民年均增收10万元以上。全村西红柿年产1000万斤，主导整个豫东地区市场，以西红柿种植为主的日光温室大棚高效农业成为当地特色优势主导产业，形成"党建+合作社+农户+村集体"的产业发展新模式。

（二）拆墙透绿推动和美乡村建设。2020年10月以来，白云山村积极响应兰考县委县政府号召，通过党员干部带头引导、鼓励村民自己动手，推进拆墙透绿工作，拆除各家大门院墙，充分利用庭前院后空闲地，种上瓜果和蔬菜，建设步道和游园，提升村容村貌。全村共拆除院墙37000平方米、配房9700平方米、门楼和空心院150余处，整合土地58亩。围墙拆除后的空地归村集体所有，通过自建、奖补等措施组织村民种植果树和苗圃等经济作物，按照"235"模式分成，既壮大了村集体经济，又可以发展庭院经济增加农户收入，更美化了人居环境，还丰富了村民特别是老年人的生活。拆墙透绿行动盘活了村内闲置土地，实现"一宅变四园"（花园、果园、菜园、游园）的变革，也让村民养成了清理门前屋后"三堆"（垃圾堆、柴堆、粪堆）和"五净一规范"（院内净、卧室净、厨房净、厕所净、个人卫生净和物品摆放整齐）的习惯，整体村居环境和户容户貌大幅提升。形成了村内有游园、院中有花园、花园临菜园、菜园挨游园、游园靠果园、村庄像公园的和美乡村气象。

（三）议事协商凝聚内生发展动力。白云山村在发展乡村特色产业的过程中，充分运用议事协商机制，发挥党员干部先锋队、乡贤能人生力军和农民群众的主体作用。经过反复探索，形成以村党支部书记为第一召集人，县政协委员和乡统战委员为第二召集人，村"两委"代表、党员代表、村民代表、人大代表、乡贤代表及利益相关方等多元主体参与的"1+2+5+X"村级议事协商架构。全村现有村"两委"干部6人、党员21名、登记在册新乡贤9人，成立由退休老干部、老党员、经商办企业的成功人士组成的乡贤议事会。目前，新乡贤共筹措助力脱贫帮扶资金50万元，实施帮扶项目5个；流转土地190余亩，投资40多万建成绿化苗圃培育基地，安排周边村庄13个脱贫户就业，人均增收不低于8000元；投资2家2000万元以上的企业（纺织厂、环保材料厂），带动170余人就业。白云山村坚持政治、法治、德治、自治、智治"五治"融合，在2021年，入选第二批全国乡村治理示范村。

三、思考启示

白云山村的经验表明，在推动县域经济发展和乡村振兴的过程中，按照总书记"三起来"的要求，整体谋划对美好生活的愿景，这种共同缔造的思维受到老百姓的支持和认可。县里给返乡人才提供干事创业的环境，促使"企业+村集体+合作社+农户"联合，注重带动村集体经济壮大和村民增收，建立完善乡村公共服务体系和治理体系，通过农村土地制度改革发动群众主动参与乡村建设、乡村治理，激发了乡村发展的内生动力，实现了县域经济的高质量发展。

案例 2

开启农村能源革命新篇章
——兰考县三义寨乡付楼村探索建设"零碳"乡村

一、基本情况

兰考县曾经是个"能源小县",缺油少气,化石能源匮乏,五年前外来电力占比高达63%,但风能、太阳能、生物质能等可再生能源资源丰富。2018年兰考县获批启动全国首个农村能源革命试点以来,通过推进风能、太阳能、生物质能等可再生能源开发,全县可再生能源发电量占全社会用电量比例从2016年的21%提高到2022年年底的95%。付楼村作为全县试点,与国家电力投资集团有限公司(下文简称"国家电投")密切合作,探索农村用电和能源保供新解决方案,建成了全国首个具备风、光、储、充、放要素的"零碳台区",有效助力巩固拓展脱贫攻坚成果,衔接助力乡村振兴。

二、主要做法

(一)找准抓手:光伏为主要依托。本着"合理确定项目并网方式"的原则,整村屋顶光伏开发积极推进户用光伏的"就地消纳",与国家电投中国电能共同谋划了兰考县综合智慧零碳电厂项目,建成集风、光、储、充、放(V2G)、网为一体的"综合智慧零碳电厂"单元。以开发户用光伏为主,采取与农户合作开发的模式,并以"村民户的名义、以自然人的方式"开展低压"自发自用、余电上网"的并网方式报装，鼓励全村群众进行屋顶开发。目前，付楼村已建成户用分布式光伏35户、总装机686 kW，年发电量达到70多万千瓦·时，相当于目前付楼村民年用电量2倍左右，大幅降低了村民的用电费用，保障了日常用电需求。农户们白天通过光伏充电，夜间使用储能可以进行照明、电子设备、三轮车充电等活动，通过补贴每年每户还增加了1600元的收入。

（二）明确手段：市场化机制带动群众参与。付楼村综合智慧零碳电厂单元项目建设了一座光储充车棚，车辆充电收益村集体与国家电投进行四六分成，调动了村民参与的积极性，全面提升了村民用能的幸福感、获得感、安全感。分布式光伏项目既减少了户用光伏全额上网带来的电网消纳问题，又有效降低了村民用能成本，前20年每年为付楼村集体和群众增加收入3.2万元，20年后收益全部归属村集体和群众，每年可增收30万元以上。

（三）注重开发：盘活当地资源。付楼村综合智慧零碳电厂单元项目有效利用空闲土地进行建设，在屋顶光伏开发的基础上，进一步开发风能等绿色资源，建设光储电站、风力发电系统、能效管理系统及充电桩系统。下一步，付楼村将打造农村微电网，增加地热集中供暖面积，完善光储充一体化车棚，推广电供暖、电动交通等电器设备，实现农村生产生活低碳化。通过优惠用能，引进用电企业，引入适合付楼村集体经济发展的产业，实现就地消纳绿电，助力乡村振兴。

三、思考启示

付楼村在兰考县农村能源革命试点示范的基础上，延展建设综合智慧零碳台区，探索建设"零碳"乡村，成为乡村能源革命的标杆示范村。通过建设分布式光伏项目增加村集体和群众收入，不仅引导农村村民向绿色的生产生活方式转变，更是习近平总书记绿色发展理念在基层的生动实践。该项目有利于提高乡村电气化水平，促使乡村能源革命红利惠及居民，在我国农村能源革命进程中发挥了引领作用，为实现碳达峰碳中和目标做出了兰考贡献，在同类地区具备较强的示范推广价值。

第七章

旅游民宿产业发展推进乡村振兴的林州实践

林州市地处豫、晋、冀三省交界，是红旗渠精神的发祥地，也是"四有书记"谷文昌的故乡，全市总面积2046平方公里，542个行政村，人口116万。林州市不仅拥有太行山风景区等旅游资源，也拥有丰富的矿产资源，经济实力位居河南省县级市前列，传统产业以钢铁、汽配为主。林州市主要以工业、建筑业、旅游业为三大支柱性产业。2022年全市生产总值657.4亿元。

一、林州市特色产业发展的基本情况

林州市三产占比分别为2.4∶51.9∶45.7。特色农业、建筑业、文旅产业发展都紧紧围绕林州市本地自然条件和文化传统，挖掘特色优势资源，呈现出"点面结合""条块交叉"的分布格局。

特色农业。重点围绕"土特产"和"半坡经济"模式，打造了东姚小米、茶店菊花、横水红薯、桂林辣椒、姚村蔬菜、东岗核桃、任村花椒等8大万亩种植基地，在地理空间分布上主要分布在林州市东部、南部以及西北部山区。林州市聚焦种养业、乡村旅游业、农产品加工业"三大特色产业"，打造特色种养、旅游、研学相融合的"田园综合体"（以林州市姚村镇下里街村为例），种养业与全市产业发展规划紧密结合，不搞"点状"布局、分散建设，农产品加工业初具规模。河南耐福食品有限公司、林州市东姚洪河米业、林州市东岗核桃油等企业已入驻总投资20亿元的红旗渠现代农业产业园。

建筑业。林州市是中国建筑之乡，是全国首批"建筑劳务输出示范基地县（市）"，同时也是河南省首个"建筑业发展综合试点市"。建筑业是林州市的一个特色主导产业，主要以"总部经济"为发展模式。2022年年末，林州建筑企业总量达到1520家，其中，特、一级企业85家，位居全省县（市）前列，全年共完成建安产值1600亿元，完成税收（全口径）32亿元，占全市税收收入的55.1%。农村强壮劳动力的60%从事建筑业，农民人均纯收入的60%来自建筑业，银行各项储蓄余额的60%得益于建筑业。近年来，林州市以"总部经济"为理念、以"11234"为模式的建筑业已发展成为全市经济社会高质量发展的重要支撑。

文旅产业。林州是红旗渠精神、谷文昌精神、扁担精神的源头。近年来，林州市依托丰富的红色资源和良好的生态环境打造红色研学基地，持续走"研学＋民宿＋写生"特色文旅产业发展路径。文旅产业在地理位置上主要分布在以石板岩镇为主的林州市西北部地区。近年来，林州市相继荣获国家全域旅游示范市、全国研学旅行基地（营地）等荣誉。目前，林州市旅游业已初步形成"一带一路、一核四心、九组团"的全域旅游发展空间格局，红色旅游和乡村旅游已成为助推林州高质量发展的重要引擎。

二、林州市乡村旅游民宿产业发展的做法与成效

乡村振兴，产业兴旺是基础，是解决农村问题的前提。近年来，

林州市依托自身资源禀赋大力发展乡村旅游民宿产业，着力打造乡村产业振兴新引擎，促进了脱贫攻坚成果巩固拓展，加快了乡村振兴步伐。

（一）林州市乡村旅游民宿产业发展的历程与现状

林州市民宿产业发展历程可以分为四个阶段：一是萌芽起步阶段（2004—2012年）。林州市乡村旅游民宿最早起源于石板岩镇。当时镇上的酒店、旅馆已满足不了客流需求，或由于价格因素，登山爱好者、画家、院校学生开始到当地有闲置空房的农户家居住。2008年，红旗渠沿岸乡村旅游民宿也起步发展。当时还没有进行民宿认定，属于自发的农家乐范畴，主要服务景区旅游，为游客提供吃饭、住宿服务。二是稳步发展阶段（2013—2015年）。随着人们生活水平的不断提高，思想观念也发生了根本改变，大众出行逐渐由团体旅游向个人休闲度假转变，乡村旅游民宿市场需求增加。特别是林州市"红绿蓝"三色旅游在全国打响后，全国各地越来越多的游客利用节假日来林州休闲度假。为满足客人个性化需求，许多农家乐进行了升级改造，开始提档升级为乡村民宿。三是发展提升阶段（2016—2021年）。随着林州市乡村旅游产业的快速发展，乡村旅游民宿发展迈进了新时期，逐步向规模化、高端化、集群化方向发展，许多外地客商争相来林州投资乡村旅游民宿，涌现了一批高端化、规模化民宿。如石板岩镇进行了星级评定活动，涌现出了一批精品民宿。其中一些民宿走高端路线，房价每日800—3000元，旺季时每天满员，全年收入不菲；投资亿元的民宿项目中国画谷1号、2号、3号，缫丝厂升级改造的"蓝城天空之境"等正在如火如荼地建设，将打造成乡村民宿旅游综合体，形成规模化集聚效应。四是全域发展阶段（2022年至今）。林州市把2022年作为"民宿发展年"，把发展高质量民宿（农家乐）、提速乡村旅游产业作为巩固脱贫成果、衔接乡村振兴的三大主导产业之一，制定了《关于促进旅游民宿高质量发展的实施意见》，以促进农村人居环境和困难群众收入双提升为目标，全民动员、全域推进，大力发展主题形式多样、个性化需求突出的"民宿+"产业，着力打造旅游民宿区域品牌，构建"村村有民宿、个个有特色"乡村旅游民宿产业发展格局；积极鼓励由村集体牵头组建民宿专业合作社，有序盘活旧村委用房、旧厂房、旧库房、旧校舍、农户闲置房等闲置资产发展为民宿，把"六治六清"行动作为发展民宿的"打底工程"，把巩固脱贫成果、实现乡村振兴作为最终目的，依托各种旅游资源禀赋，村村发展民宿产业。

林州市民宿产业发展的区域分布目前主要集中在以下个片区：一是峡谷观光片区。依托"扁担精神"发源地、全国特色小镇石板岩镇，国家级5A级景区太行大峡谷，国家级水利风景区太行平湖，中国最美旅游道路，10个中国传统村落，"四有书记"谷文昌的家乡南湾村，石板岩镇拥有中国画谷美誉等名片，大力发展"民宿+写生""民宿+康养""民宿+研学"等产业。每年峡谷观光片区接待游客约500万人次，仅写生群体每年近200万人次。目前整个区域内产业布局清晰、基础设施配套完善，民宿产业火爆，也是整个林州市民宿产业群最集中的区域。该区域精品民宿占全市的80%以上。二是红旗渠红色片区。境内拥有"人工天河"红旗渠、八路军豫北办事处、任村古镇、盘阳村、刘邓大军指挥部旧址等红色资源，8个中国传统村落，依托红色党建和研学产业优势，每年游客接待量近300万人次。作为林州北部片区，这里的民宿产业方兴未艾，牛岭山村、皇后村、任村古镇正在规划建设民宿聚集地，未来这里将是林州市"红色民宿"的发源地，是思往昔、悟精神、开新局、谋新篇的研学基地。三是生态休闲片区。即西部森林休闲带，南到合涧镇，北至姚村镇，覆盖黄华镇全境。境内有"天开图画"黄华神苑、"文物宝谷"洪谷山、北雄风光最胜处天平山、神州初庙柏尖山、中华古板栗园、太行山森林运动公园、庙荒止方乡村振兴示范点等优质旅游资源。目前观霖片区、担子坡片区、黄华片区、庙荒止方片区、渠畔魏家庄片区的功能区位优势已凸显，每年区域内景区、餐饮、住宿共接待游客近300万人次。四是山水田园片区。这里有"北国江南"万泉湖，茶店镇翟二井村、五龙镇石阵村刘氏庄园、河顺镇井上村等美丽乡村发展的典范，文化底蕴深厚，是目前重点打造的旅游度假区域，充分把乡村旅游与休闲农业、景区开发、人文风情、新型农村建设有机结合起来，全面构筑集生态观光农业、餐饮娱乐、人文旅游、休闲度假为一体的多模式、多层次乡村旅游产品体系。目前拥有皇后度假村、万泉湖淇心小筑等省级民宿品牌，整个区域游客接待量每年近200万人次。

林州市民宿产业发展的质量品位。按照《林州市乡村旅游民宿质量要求和服务规范》，该市民宿评定标准分为标准民宿、精品民宿和最美民宿三类，截至2022年6月，三类民宿占比为6∶3∶1，即标准民宿约270家、精品民宿约150家、最美民宿约50家。2022年随着林州市民宿进入全域发展阶段，林州市民宿如雨后春笋，呈现出高端化、规模化、集群化大发展趋势。高端民宿，主要分布在石板岩境内太行大峡谷景区周边，特别是太行大峡谷景区成功创建为国家5A级景区后，游客日益增加，原有的度假酒店和一些中低档民宿已经不能满足游客个性化需求。这时候涌现出一批投资客商来该镇投资，打造了以写生、康养、研学等为主题的高端民宿。中高端民宿，主要分布在红旗渠沿岸西部休闲带两侧的黄华镇和姚村镇，这里是林州市民宿发展的第二个聚集区，从桃源村到平板桥分布着各式各样的民宿，主要以餐饮、休闲为主。中低端民宿，主要分布在任村镇、合涧镇、原康镇、临淇镇、五龙镇等镇。由于这几个镇旅游发展缓慢，游客接待量相对较少，民宿发展还处于初期。但万泉湖景区淇淅河国家湿地公园一带自然风光独特，也是游客聚集地，此处民宿发展较为成熟。

（二）林州市乡村旅游民宿产业发展的经营模式及联农带农的主要模式

一是个体独立经营：农民或外来投资者独自投资、独立经营的约有300余家，占民宿总数的70%左右，带动周边近2000名农民就业。如石板岩镇高家台村，目前有乡村民宿33家，基本上都是个体独立经营模式。

二是公司+农户：公司和农户进行合作，公司对农户的房子进行改造提升，农户占有经营股份，公司和农户按约定比例进行分红。黄华镇庙荒村成立"幸福庙荒"旅游发展有限公司，投资600万元打造"渠畔人家"民宿村，实施"公司+农户"模式管理运营，带动农户增收，为脱贫户、监测户提供就业岗位。截至目前，该村已建成民宿20余家，统一纳入旅游公司管理，165户村民直接从中受益。

三是村级组织+合作社+农户：以村为单位，由党支部成立的股份经济合作社作为一个自然人来领办乡村旅游专业合作社，将股权量化后的村集体资产入股该社，同时组织发动农户以土地、房屋的经营权折价入股专业合作社，由专业合作社统一进行经营，引领村集体和农民群众走上共同富裕道路。目前石板岩镇在各村成立民宿合作社的基础上率先成立了镇民宿专业联合社，17个行政村通过该模式已盘活的闲置资源价值5个多亿，通过招商引资引进民宿发展资金20多亿元，带动2000多名群众从中受益。

四是村集体＋农户：一类是村民的住宅经过统一改造之后由个人经营，但是由村委会统一管理，食材等由村委会统一供应，并收取一定的管理费。2021年黄华镇魏家庄村采用此模式，村委会统一供应的食材等价格优惠、质量有保证，同时村集体年收入增加19万元。一类是村集体利用闲置资源筹资建设的民宿，通过转租专业公司后收取租金，壮大村集体经济收入。林州市村集体＋农户共同经营模式运营的民宿有80余家，每个村年均增收10万元以上，受益群众2万余人。

（三）林州市乡村旅游民宿产业发展的主要措施及成效

出台政策促进发展。依托中央、省、市近年来的政策指引，强化统筹协调、政策支持聚力发展。一是制定配套的政策文件，明确了对旅游民宿扶持奖励的办法：对新评为国家甲级、乙级、丙级旅游民宿的，分别一次性奖励10万元、5万元、3万元；对新评为省五星级、四星级、三星级乡村旅游民宿的，分别一次性奖励5万元、3万元、1万元；对当年创建为河南省精品旅游民宿的，一次性奖励5万元。二是统筹协调相关部门，着力破解乡村旅游民宿经营证件办理难题，推动实施多证合一管理，大大提高投资经营者的积极性。三是各镇（街道）制定硬核措施强力推进。如石板岩镇为鼓励民宿主在冬季运营，对冬季运营的门店进行电费补贴、推广空气能地暖。2021年冬季以来，林州市接待游客大幅提升，共接待写生学生约3万人次，网红打卡地"中华雪松"接待游客约6万人次，旅游创收约8000万。

挖掘、整合闲置资源促进发展。一是排查摸清闲置底数。对现有民宿、乡村闲置资源和拟建民宿项目进行统计造册，全市155个村有可利用闲置资源发展民宿的共计205处，可利用面积46.4万平方米，其中废弃村委会办公场所1.42万平方米、闲置厂房27.71万平方米、闲置校舍4.79万平方米、废弃库房1.67万平方米、闲置宅基地7.94万平方米、其他闲置场所2.87万平方米。二是积极谋划项目。督促指导各乡镇谋划2022年民宿项目135个，计划总投资5.04亿元，目前在建92个、累计投资1.3亿元。三是优化项目建设。引进蓝城、携程等文旅集团，积极打造蓝城天空之境、担子坡、太行水镇等高端民宿。将全市20个镇（街道）分为三类民宿发展等级，突出单体民宿个性化、主题化，做到不同风格、不同档次差异化发展，对民宿建设先进典型给予1万—20万元奖励。目前，林州市已拥有全国旅游特色镇1个（石板岩镇）、全国乡村旅游重点乡村3个，省特色生态旅游示范镇9个、省级乡村旅游特色村21个、A级乡村旅游示范村12个；乡村旅游民宿470余家，其中河南省精品民宿2家，安阳市最美民宿7家。

凝聚合力促进发展。一是成立林州市旅游及民宿发展指挥部，市直14个部门为成员单位，指挥部办公室下设综合保障科、项目推进科、宣传营销科、运营管理科，强化工作推进，从文旅系统抽调18人组建工作专班，精锐出战；制定完善了工作制度和考核办法。二是印发了《关于促进旅游民宿高质量发展的实施意见》《林州市乡村旅游民宿质量要求和服务规范》等配套文件，强化工作指导。三是制定旅游民宿高质量发展考核评价体系，将旅游民宿高质量发展工作纳入林州市督查局对各镇（街道）、市直相关部门的年度考核内容，建立工作台账，完善月通报、季观摩、半年评比、年度目标考核等工作机制，加大考核力度。四是加强旅游民宿经济运行监测分析，及时准确把握全市旅游民宿产业运行态势，增强运行分析的时效性、前瞻性、针对性和指导性。

突出科学规划培育品牌促进发展。一是各乡镇依托独特的自然风光和人文优势，深度挖掘自然禀赋，在全市"一张牌"下，坚持规划引领，打好各自的"特色牌"。石板岩镇依托丰富的旅游资源，重点在马鞍垴、益伏口、盖楼泉等村打造乡村旅游民宿旅游综合体，形成规模集聚效应，形成了高端集群模式——石板岩民宿集群。任村镇桑耳庄村红色餐厅形成的红色传承模式，是利用老旧房屋改造建成红色餐厅，唤醒红色记忆，传承红色文化。二是科学规划设计、统筹布局民宿项目，串点成线设计了红色精神研学、乡村旅游体验等特色精品旅游线路16条，打造"中国画谷""渠畔风情""印象淇淅""遇见红旗渠""乡野好时光"主题旅游精品线路5条，"中国画谷"线路被文化和旅游部授予全国乡村旅游精品线路。三是依托独特自然生态和深厚传统文化，着力打造太行大峡谷、红旗渠景区、西部休闲带3个旅游民宿发展集聚区，石板岩镇、任村镇、姚村镇、黄华镇、合涧镇、原康镇、临淇镇、五龙镇8个旅游民宿重点镇，培育50个旅游民宿特色村，形成地域特征鲜明、产业布局清晰、基础设施配套完善的民宿集聚区。

配套设施优化，环境促进发展。一是完善配套设施。整合旅游、农业、住建、交通、文化等涉农资金，持续完善旅游民宿基础设施和公共服务配套建设。在旅游民宿集聚区、特色旅游民宿示范村实现"三通四建"，即通公交车、通网络、通快递，建游客中心、建购物场所、建停车场、建标牌标识。目前，已开通城乡旅游公交专线14条。二是优化发展环境。把农村人居环境治理"六乱"、开展"六清"行动作为发展民宿的"打底工程"，推进整治行动向背街小巷延伸、向家庭庭院延伸、向路域环境延伸、向田间地头延伸。三是提供土地政策保障。林州市自然资源和规划局专门出台了《关于支持旅游及民宿产业发展用地的意见》，从规划开始，全流程、全方位为民宿发展提供政策保障。四是统筹整合资金资源投入。坚持财政奖励支持、部门项目投入、金融服务保障、招商引资、社会民间资本、林州在外成功人士、村集体和农民资产入股等多元投入、握指成拳集中发力。

加强宣传推介促进发展。一是强化媒体宣传推介。在林州市电视台专门开辟宣传专栏，要求各镇（街道）的主要领导谈认识、谈打算、定目标、定措施，已完成16个镇（街道）的采访。与安阳市融媒体中心和河南广播电视台官方平台大象新闻客户端对接，开展民宿线上宣传推介活动。在"云上林州"新增"林州民宿"专栏，从引导推动、群策群力、精品展示、小编探店、他山之石五个方面全方位推介林州民宿，让市民及游客了解民宿动态。对接携程旅行网筹办国际民宿峰会，工作方案正在制订。二是强化智慧平台建设。建立林州市全域旅游智慧化管理平台，在携程平台上线了"林州旅游星球号"旗舰店，这是全省首家集产品、内容和活动于一体的官方星球号平台，可以使游客一键生成出行订单，提高消费决策效率，对于积极应对疫情常态化形势，推动林州市智慧旅游发展具有重要意义。目前平台已入驻旅游经营单位800余家。后期将在携程"林州旅游星球号"上推出一系列宣传推广和优惠促销活动。三是强化网络营销。采用数字化营销策略，利用微博、微信、今日头条、抖音、小红书、哔哩哔哩等新媒体宣传平台，发展社交电商、"粉丝"经济，构建多平台、多渠道、多终端的精准化营销网络。针对不同年龄、不同地域、不同喜好群体、不同消费层级，分类制订民宿营销内容，在传统民宿环境、目的地攻略基础上，制作一批有共鸣的段子、视频、图文、歌曲等宣传内容，提升民宿品牌知名度和影响力，实现品效合一。

林州市通过大力发展乡村旅游民宿产业，打造了乡村产业振兴新引擎，巩固拓展了脱贫攻坚成果，促进了乡村振兴战略加速度推进。一是大幅度增加了村集体和农民的收入。目前林州特色旅游村庄78个、旅游民宿1300余家，带动3万余人就近就业，全市50%以上的村直接或间接从旅游发展中受益。二是极大促进了乡村特色产业发展。先后带动了乡村小杂粮、中药材种植、写生、培训、研学等产业快速发展。如石板岩镇，促进写生、研学、培训产业以及文化、纪念品超市、特色餐饮、商贸等衍生项目发展，带动周边居民近2000人就业，2021年石板岩镇接待游客及写生学生300余万人次，旅游及写生收入突破10亿元。三是高质量巩固拓展了脱贫攻坚成果。初步统计，目前全市脱贫户和监测户直接开办的民宿（农家乐）有6家；有735户脱贫户和681户监测户通过乡村旅游民宿创业、就业、资产租赁、资产入股、帮带等形式参与并实现稳定增收。石板岩镇全镇的180户脱贫户（监测户）通过务工就业、入股分红、土地流转等方式参与民宿产业发展，人均年增收3000元以上。黄华镇庙荒村，石板岩镇漏子头村、桃花洞村、上坪村等脱贫村依托周边自然资源大力发展乡村旅游民宿工程，实现经济可持续发展。四是极大改善了村容户貌、提升了人居环境。"六乱""六清"活动紧密结合，通过盘活老旧厂房、闲置学校，拆除残垣断壁、违章建筑，统一规划村内闲散土地进行美化、绿化，村内环境有了很大提升，大街小巷、房前屋后干净整洁，景观小品精致美观；通过开展土地复垦等方式大力发展乡村旅游民宿产业，农民的卫生健康生活意识增强，维护和投身人居环境积极性得到很大提高，人居环境整治效果明显提升。五是有效提升了乡村治理能力和水平。如黄华镇魏家庄村，村集体组织成立民宿（农家乐）协会，制定管理制度和环境卫生、食品安全等各项制度，与乡村旅游民宿主签订承诺书，实行责任到人，定期进行评选，选出最美民宿、十星户并且挂牌，促使各商户弃差赶优，忙得不亦乐乎。群众有事干了，村里歪风邪气少了，到处一片和谐发展的景象。同时，农村基层党组织在发展民宿产业中增加了集体收入，给村民办了实事好事，在群众中有了话语权，威望也提高了，增强了凝聚力、战斗力和号召力，提高了乡村治理能力水平。

（四）林州市乡村旅游民宿产业发展经验启示

党委、政府重视，统筹谋划，统一规划，加强指导，是林州市发展助推乡村振兴的基础。建立工作推进机制，成立了林州市旅游及民宿发展指挥部，实行市四个班子分包重点镇、试点村责任制，靠前指导、一线服务，及时协调解决困难和问题。制定旅游民宿高质量发展考核评价体系，将旅游民宿高质量发展工作纳入政府年度目标考核内容，建立工作台账，完善月通报、季观摩、半年评比、年度目标考核等工作机制。

民宿要在大的框架下突出个性化、特色化发展，这是林州市发展助推乡村振兴的路径。在资源禀赋上，宜山则山，宜水则水；在规划布局上，宜聚则聚，宜散则散；在资源利用上，宜建则建，宜改则改。突出地方特色，探索"民宿＋非遗""民宿＋艺术""民宿＋书屋""民宿＋民俗""民宿＋写生""民宿＋研学"等融合发展方式；突出单体旅游民宿的个性化、主题化，打造一批知名高端旅游民宿品牌，形成"一村一特色、一家一主题、一幢一风景"旅游民宿产业模式。同时，注意依托景区带动乡村旅游民宿产业的快速发展。调研中发现，景区周围的民宿人气较旺、效益较好。分析其原因，一是旅游度假逐渐由组团旅游转向了个人旅游，游客对住宿的个性化需求大幅提升，在这方面乡村旅游民宿占有优势。二是景区周边的小景点和景区性质相似，一纸门票把客人推向了景区周围的免费小景点，带动了景区周边民宿的发展。往往是景区内部冷冷清清、外围热火朝天。三是景区周围乡村旅游民宿基础设施较好、服务水平较高。

尊重群众意愿，发挥村民主体作用，这是林州市发展助推乡村振兴的关键。坚持以市场为导向、以效益为中心，因地制宜。只有充分尊重群众意愿，切实把群众利益放在首位，才能把群众建设民宿的积极性调动起来，才能真正激发群众建设民宿的内生动力，激发民宿建设的内在生命力。政府要把好土地关，算好利益账，做好服务保障，把更多村民带动起来，把民宿产业做强。

注重延伸产业链条，推动综合发展，这是林州市发展助推乡村振兴的价值取向。如石板岩镇的民宿就是为写生、研学、培训服务的，离开这些就没有生命力。该镇围绕写生产业发展，先后实施了太行山美术馆、高家台画家村、美丽乡村试点、两桥一路、艺术街区、旅游民宿综合体等项目，完善基础设施，为旅游产业提供了良好的发展环境。中央美术学院、中国美术学院等200余所高等院校在石板岩镇设立了写生创作基地，石板岩镇以写生为主的乡村旅游产业在河南省首屈一指。正因为石板岩镇有写生、研学等产业的支撑，民宿市场才更有活力。

围绕乡村振兴要求，林州市在结合当前建设的特色小镇、美丽乡村、历史文化名镇的基础上，发展不同类型的民宿，凸显民宿的地域特色，增强了市场竞争力。

依照打造特色，实现多元化发展的要求，加强产业融合和产值带动，对民宿产业集聚区的镇、村进行产业引导，最大限度的利用村落中的乡土资源，如农田、果园、乡村家禽等小动物，以及生产生活工具、场景等，配套现代休闲理念，形成极具乡土性的乡村体验产品，提升游客的度假情致。发展相匹配的特色种养殖业，将蔬菜瓜果、水产养殖、花卉种养等基地与民宿进行联动发展，延伸旅游产业链，丰富体验内容，提升民宿魅力，带动农户和村集体收益。

（五）林州市乡村旅游民宿产业发展存在的主要问题与对策建议

调查发现，林州市乡村旅游民宿产业发展存在不少问题，体现在：一是基础及配套设施还需提升。主要是道路交通不畅、部分地方通信信号不佳、停车场车位存量满足不了客流量需求。沿红旗渠片区的民宿如黄华镇庙荒村、止方村、魏家庄村等地节假日人流较多，客人停车杂乱无章，既造成交通堵塞，更存在安全隐患。二是本土专业化人才短缺。乡村旅游民宿的经营者和从业者大多是本地村民，年龄普遍较大且文化水平不高，对乡村旅游民宿的认知和理解不足，有个别民宿经营者只是单纯追求"经济效益"，同时，由于思想观念较为保守和封闭，对民宿经营的新观念与新模式还不太善于接纳和转化，对民俗文化的建设也缺乏独立思考，导致民俗产业和产品发展水平不高。三是土地政策制约发展。由于受到耕地红线保护、城乡建设规划等相关制度的制约，使得发展乡村旅游民宿产业的用地指标大多不足。如林州市城区西部，沿红旗渠片区周围许多民宿主都是前几年投资建设的民宿，手续上许多不完备，现在对升级改造缺乏信心，有怕被处罚的担心。预计石板岩镇将在今后几年迎来民宿产业大发展，据县、乡两级汇报，最多的还是用地受生态红线制约。四是受疫情影响发展经营困难重重。乡村旅游民宿产业是受疫情影响的重灾区，恢复经营需要一段时间。五是利益联结不紧密。比较高端的民宿大部分是外来人投资建设的,对村集体收入方面贡献不大,对农户来说主要是租金收入,在就业带动上覆盖面也很小。村"两委"干部普遍缺乏带领本村群众和外地投资人合作做生意的念头,到最后外来投资商带走了资源效益、实现了致富,而当地农户却收益很小、生活质量改变不大。六是宣传力度还不够。林州市建立了网络管理营销平台,但大部分民宿经营者宣传营销的手段比较单一,主要还是依靠"回头客"、口碑宣传等,影响力和传播度不高。相关行业部门缺乏整体宣传营销的意识,每年投入的旅游营销费用中,也大多聚焦在对景点的宣传上,民宿还未当作真正的卖点。

民宿产业是乡村产业振兴的新引擎,在巩固脱贫成果、促进乡村全面振兴中的作用至关重要。

一是统一思想认识。可以通过组织召开乡村旅游民宿产业发展现场会、赴外地参观学习等方式,促进有关方面解放思想、拓宽视野,进一步统一思想认识、推动全市乡村旅游民宿产业快速发展。在组织县、乡、村三级干部到外地民宿产业发展先进地区参观学习的同时,认真总结推广好本地已有的好典型,使发展乡村旅游民宿产业在干部群众中形成共识。

二是坚持规划引领。针对旅游民宿要个性化、特色化发展的实际,结合本地实际情况,在现有基础上制定完善的乡村旅游及民宿发展的相关专项规划,明晰乡村旅游民宿的重点发展区域、发展定位、环境保护、空间布局、建设时序以及依据区域特色所形成的发展方向等内容。乡镇层面也要深度挖掘资源禀赋优势,建立本地乡村旅游及民宿产业发展详细规划;注重研究市场需求,针对不同的人群,建设形式多样、层次互补的产业布局。发挥外部专家作用,加强研究,帮助解决民宿主在规划和设计上的各种难题。

三是强化政策保障。在用好用活上级政策的同时，制订出台本地用地保障、通信网络、资金支持、消防安全、人才培训、评级考核等相关支持激励政策措施。如在土地保障方面，编制乡村旅游民宿土地利用规划和村庄规划，对重点发展的区域编制控制性详细规划，用足旧村旧房改造、农业设施用地等相关政策，并探索采取"点状供地"模式，保障乡村旅游民宿产业发展的建设用地。要按照新政策加快完善历史用地手续，消除已有民宿经营者的后顾之忧。在资金扶持方面，利用专项资金进行扶持引导，创新乡村旅游民宿投融资机制，要重点扶持和带动易返贫致贫人口、低保人口等群体开办乡村旅游民宿和参与发展。在行政审批方面，协调各职能部门，针对乡村旅游民宿的特点，细化完善切实可行的准入标准，尤其针对长期困扰乡村旅游民宿发展的消防、环保问题，在规范管理的前提下做好办理相关证照的指引工作。在人才引进培养方面，将旅游民宿规划建设和经营人才，特别是高端旅游民宿人才纳入有关人才政策支持范围，享受人才集聚计划优惠政策；以"人人持证、技能河南"建设为契机，开展旅游民宿人才引进培养培训计划，打造一支懂经营、善管理、高素质、专业化的人才队伍，提高经营管理水平。

四是突出地域特色。继续围绕林虑山风景，太行大峡谷，滑翔伞运动基地，红旗渠，太行革命老区，网红打卡地庙荒村、止方村，太行山森林运动公园，淇淅河国家湿地公园，万泉湖景区等资源优势做大做强峡谷观光、红色文化体验、生态休闲、山水田园度假等四大民宿功能片区，带动全域发展乡村旅游民宿。

五是完善利益链接。林州市乡村旅游民宿经营和带动模式多种多样，鼓励各地立足资源禀赋大力发展多样化的经营模式和联农带农机制，但从规范化、科学化建设，产业化、规模化运营的角度考虑，建议重点推广"村级组织＋合作社＋农户"模式。《中华人民共和国农民专业合作社法》规定，国家支持发展农业和农村经济的建设项目，可以委托和安排有条件的农民专业合作社实施。农民专业合作社已成为代表村集体和村民承接上级产业发展投资支持的重要平台，是推进乡村产业振兴、维护村集体和村民合法权益、实现村集体和农民共同增收的重要载体，是推进乡村全面振兴、加快农业农村现代化的重要手段。倡导学习借鉴石板岩镇各村成立民宿发展合作社、镇级成立联合社的做法。石板岩镇通过聘用第三方运营团队成立镇乡村旅游民宿合作联社，建立深度利益链接机制，盘活村级和农户闲置资源、引进外来资金，促进村集体和农户收入持续增长。在这一模式中，农户、村集体、专业运营公司具有各自的资源、发挥各自的作用、获得各自的最大利益。农户用自家的住宅、土地入股合作社，提供或参与民宿管理服务，在品牌和规模效益提升下将获得比之前分散单干时更大的回报；村集体组织领办合作社，将村集体资产入股，并对内组织农户入股合作社、对外对接公司，在增加村集体收入的同时，带领农户共同致富；运营公司发挥策划运营、管理服务、市场拓展和人员培训方面的作用，全镇乡村旅游民宿走上了规模化、品牌化、高端化之路。在林州市乡村旅游民宿产业发展工作现场会上，石板岩镇就乡村旅游民宿产业合作化发展模式进行了专题报告。同时建议乡村特色产业发展都应借鉴推广"村级组织＋合作社＋农户"的模式，促进村集体和农民共同增收致富。

六是搭建网络平台。注重品牌效益，将乡村旅游民宿纳入全市整体旅游形象推广计划，确定民宿品牌形象和主题旅游民宿线路，实行统一标识、统一宣传、统一推介，提升旅游民宿品牌的知名度和影响力；

创新营销手段，运用多种方式宣传推广乡村旅游民宿文化，注重和携程等大的网络服务平台合作，利用网站、公众号、手机 APP 等电子商务平台灵活多样地开展营销；聚焦活动策划，注重乡村旅游民宿活动策划，举办各类传统节庆活动，丰富活动内涵，产生经济倍增效应；强化政策倾斜，在网络上发布林州市在投资、税收等方面制定的乡村旅游民宿优惠政策和倾斜措施，吸引各方人士来林州市投资兴业。

三、林州市乡村旅游民宿产业发展促进乡村振兴的思考

把乡村旅游民宿产业发展融入发展全局。坚持以习近平新时代中国特色社会主义思想为指引，在推动县域经济发展、促进乡村振兴的格局中，谋划推动林州市乡村旅游民宿产业的发展。加快推进乡村旅游民宿产业发展，一要进一步体现新发展阶段的特点。二要体现创新、协调、绿色、开放、共享的新发展理念。三要融入新发展格局推动高质量发展。

发展林州市乡村旅游民宿产业要坚持系统观念、精准思维。应该说林州市的县域发展和乡村振兴已经初步实现了良性发展，下一步需要在考虑县域经济的发展过程中要更充分考虑乡村如何实现全面振兴。从坚持系统观念要求看，一是要县域经济体系现代化和县域治理体系现代化一体化推进；二是体现以乡村振兴推动城市发展的理念，在城乡互动中实现乡村振兴；三是高度重视推进乡镇区域治理和农村有效治理相结合，聚焦县、乡、村有效治理体系的构建，特别是在乡村振兴中激发社会组织、社会力量和社会活力。乡村建设最根本的就是要做好规划。

从坚持精准思维的要求看，推进乡村振兴，谋划时要统揽大局、操作中要细致精准，把工作做扎实、做到位，组织动员各类专业人员参

与研究、谋划。中共中央办公厅、国务院办公厅印发了《乡村建设行动实施方案》，明确了"183"行动，即1个规划，8项重点，3个体系，其中最重要的就是要做好规划。这里的规划是指整个县域经济社会发展的总体规划，包括空间规划等。有规划地指引乡村振兴到底要振兴什么、重点在哪儿，这就是精准思维的运用。如何发展能更有效带动乡村振兴的产业，如何因镇、因村发展经济、产业，都需要用精准思维将工作落细落实，从而更加有效地推进县域经济的发展和乡村全面振兴。

发展林州市乡村旅游民宿产业需要坚持战略思维。全面推进乡村振兴，就是要有久久为功、滴水穿石的精神，有耐心、不能急，欲速则不达，这就是战略思维。乡村旅游民宿产业发展面临的问题如何解决，首先要从战略上来考量，明确哪些是现阶段最需要解决的，哪些是能最有效解决的。比如人才的问题，乡村振兴缺乏人才，就地方而言，解决人才急需的问题，最现实的途径就是人才引进。同时，又要有从长期发展的视角，注重人才的培养。比如，目前三分之一的民宿，可以满足市场需求，但是按照其他地方民宿的发展经验，都是按照市场引导发展的。引导出来的市场有不确定性，这种不确定性，最主要的就是人才流动的不确定性。其他诸如，怎么解决地的问题、钱的问题，都必须要有战略性的眼光和思维。

发展林州市乡村旅游民宿产业需要坚持改革创新。当前就是要用好扶贫资产、激活现有资产，更加有序发展村集体经济。从目前各地来看，村集体经济的发展势不可当，也是不可逆的。在新形势、新情况下，积极探索采取更有效的方式来发展村集体经济，这是必然的要求。但是要注意，要避免超越阶段、超越能力去发展，那样就会适得其反。扶贫资产的激活、用好，需要认真研究，需学习借鉴先进地区的做法，有序促进村集体经济发展。

  发展林州市乡村旅游民宿产业需要坚持在发展中推进县域治理体系和治理能力现代化。县域的治理体系和治理能力的现代化是国家治理体系和治理能力现代化的重要内容。巩固脱贫攻坚成果、有效衔接乡村振兴,就是推动县域治理体系和治理能力现代化的重要内容。乡村治理体系不仅仅是把农民很好地组织起来,更主要的是怎样把党在基层的执政基础夯实,这就需要林州市乡村旅游民宿产业与乡村治理体系现代化实现互动。

第八章

农村职业教育服务乡村振兴案例研究

中国式现代化的实现离不开农业、农村和农民的现代化。中国要在农业、农村优先发展的前提下推进乡村振兴战略，人才是关键和根本，既要用发展留住人才，更要培养本土人才促发展，实现人的现代化。纵观世界历史，在快速工业化和城镇化进程中，乡村衰败是广泛存在于世界各国的共有问题。目前，世界各国仍在不断探寻与自身状况相符的乡村振兴模式，其中加强农村教育一直以来都是各国乡村振兴的重要手段。农村职业教育是我国农村教育的一个重要类型，其发展与我国农村经济社会的发展变革密切相关。它既是实现农村人才培养的关键环节，也是提高农民就业技能和创业能力的重要途径。作为支撑乡村振兴的重要组成部分，农村职业教育在农村发展和乡村振兴战略中扮演着关键的角色，能在人才培养和就业创业支持、促农增收和农村经济发展、缩小城乡教育差距、推动科技创新与乡村转型发展等方面发挥重要作用，具有服务并撬动乡村振兴的潜力和责任。在推动乡村振兴过程中，农村职业教育仍需要解决许多历史问题，同时也面临着时代变迁带来的新挑战。本研究将理论与实践相结合，通过对中国农村职业教育助力乡村振兴的发展路径及长效机制的深入挖掘和深度研究，不断提高农村职业教育发展与乡村振兴需求的契合程度，旨在为加快乡村振兴进程提供理论和实践支持，为世界各国乡村振兴和解决乡村发展问题提供中国方案。

一、农村职业教育服务乡村振兴政策演进历程

在不同的历史时期，我国农村职业教育的历史使命根据国家战略和经济发展主题调整，并始终融合于农村社会发展。新中国成立以来，国家为有效解决"三农"问题，越发重视农村职业教育的发展，并制定了一系列政策文件推动其向积极、向好的方面发展。尤其党的十八大以来，相关的政策文件与脱贫攻坚成功实践，充分证明了农村职业教育服务乡村经济社会发展的科学性和有效性。

（一）农村职业教育服务乡村振兴政策演进历程

从政策视角出发，新中国成立以来，我国农村职业教育政策紧扣服务国家战略、促进乡村经济社会发展的主线，依据农村职业教育发展的阶段性特征以及顺应乡村发展重心的变化调整，大致可以划分为以下四个阶段。

1. 农村职业教育服务农业发展的起步阶段（1949—1977年）

新中国成立初期，国家为推动经济建设，确立了"教育为工农服务，为生产建设服务"的方针，并在职业教育服务乡村层面采取了多种政策措施，主要面向是促进乡村经济社会的恢复。政策重心在于推动职业教育多样化、扩大农村职业高中规模、促进职业教育与实践劳动结合，让职业教育为新中国恢复经济建设提供所需人才。1951年中华人民共和国中央人民政府政务院发布《关于改革学制的决定》，明确规定中等技术学校的地位，指出其任务是为国家培养具有高级专门知识的建设人才。下年颁布《关于整顿和发展中等技术教育的指示》，该指示进一步强调

要"根据实际需要举办各种速成性质的技术训练班,或在各工矿企业农场以及各技术学校附设各种业余性质的技术补习班或训练班"。1953年和1954年,国家发布了《关于中等技术学校设置专业原则的通知》《技工学校暂行办法》《关于改进中等专业教育的决定》等系列文件,初步形成了职业教育促进农村生产恢复、产业发展的教育体系。

从社会主义改造转入全面社会主义建设后,国家在职业教育方面的理念主要以"教育和生产劳动相结合"为核心,并作出新的政策安排,更加强调职业教育与农业、农村和农民的联系。1958年,《关于教育工作的指示》中明确提出"教育必须为无产阶级政治服务,必须同生产劳动相结合"的方针。1963年,中共中央宣传部印发《关于调整初级中学和加强农业、工业技术教育的初步意见(草稿)》,指出"农业中学仍然是农民群众集体举办的半耕半读性质的学校,其性质与国家办的中等农业技术学校和调整出来的初级中学有所不同,不能混淆起来,影响群众办学的积极性",同时要求结合地方农业生产发展的实际情况,在县、镇和农村积极举办服务农业生产的技工学校。截至1965年年底,全国半工(农)半读学校共计7294所,在校生有126.6万人,其中半农半读、半工半读的中等学校学生,较上年增长了87%左右。[1] 在这一阶段,我国农村职业教育政策主要以服务农业发展和满足社会主义建设需求为主要目标。它强调了职业教育对于促进乡村社会恢复和发展的重要性,并将其作为核心任务之一。在这期间,我国初步建立了以职业教育为基础的乡村发展体系。这个体系旨在培养农村地区所需的技术人才,

---

[1] 刘晓、蔡林:《中央第一代领导集体的职业教育思想及历史贡献》,《职业技术教育》2007年第28卷第34期。

提供与乡村经济和社会需求相适应的职业教育学校。

2. 农村职业教育服务农村经济全面发展的探索阶段（1978—2011年）

改革开放以后，特别是党的十一届三中全会以来，经济建设成为党和国家的中心任务，尤其是农村经济发展。与此同时，随着农村城镇化进程的加快，农村劳动力转移和就业问题日益突出，农村职业教育成为解决这些问题、服务新农村经济建设的重要途径之一。1979年，党的十一届四中全会通过《中共中央关于加快农业发展若干问题的决定》，指出各地"要根据农业区域规划办好一批农业科研机构、农业学院和中等农业技术学校，逐步形成门类齐全、布局合理的农业科学技术研究体系"，着力加强对农机手、农业技术员和财会人员等培养，鼓励下乡、回乡知识青年上山立志务农，吸收其到农业院校或中等农业技术学校学习，争取发展成为建设现代化大农业的骨干力量。1985年中共中央颁布《中共中央关于教育体制改革的决定》，首次提出建设"职业技术教育体系"的目标。随后，1991年的《国务院关于大力发展职业技术教育的决定》、1996年的《中华人民共和国职业教育法》、2002年的《国务院关于大力推进职业教育改革与发展的决定》、2005年的《国务院关于大力发展职业教育的决定》以及2010年的《国家中长期教育改革和发展规划纲要（2010—2020年）》都进一步阐释了建设职业教育体系的目标。这些文件明确了职业教育体系在培养高素质劳动者、满足经济社会发展需求、促进就业和提升国家竞争力等方面的重要作用。通过这些决定和规划，我国致力于构建完善的农村职业教育体系，以适应现代化建设和人才需求的发展。相应地，政府制定了一系列政策文件，旨在推动职业教育服务农村经济社会的全面发展。一是强化农村职业教育领域的立法保障。20世纪90年代中期发布的《关于普通中等专业学校招生与就业制度改革的意见》《中华人民共和国职业教育法》等系列文件。二是逐步完善支持农村职业教育发展的政策内容。2002年《国务院关于大力发展职业教育的决定》、2003年《国务院关于进一步加强农村教育工作的决定》、《2003—2007年教育振兴行动计划》、《教育部等七部门关于进一步加强职业教育工作的若干意见》、《国务院关于大力发展职业教育的决定》、《国家中长期教育改革和发展规划纲要（2010—2020）》、《教育部等九部门关于加快发展面向农村的职业教育的意见》等系列文件出台，为加强农村职业教育的发展提供了有力支持和指导，进一步推动了农村职业教育的改革和创新，为农村职业教育服务"三农"问题的体系建设奠定了基础。这些政策措施的逐步完善和具体，使得农村职业教育能够更好地满足农民的就业需求和农村经济发展需求，进一步提升了农村职业教育发展的规范性、专业性和多样性，明晰了农村职业教育为"三农"问题服务的本质属性以及提升农村科技水平、培养农村本土人才、促进农民就业创业的重要职责。

3. 农村职业教育服务农业现代化的发展阶段（2012—2020年）

党的十八大以来，国家对农村职业教育越发重视，旨在缩小城乡的教育差距，促进农村教育的发展。每年发布的中央一号文件都不同程度地对农村职业教育的内涵、培训体系建设、建立职业农民制度等提出了具体要求，并将农村职业教育定位于"为农教育"。在一系列政策的大力支持和推动下，农村职业教育体系建设进入规范培养阶段。首先，在政策上进一步明确了农村职业教育的地位和作用，并将其纳入教育扶贫体系。2014年《关于创新机制扎实推进农村扶贫开发工作的意见》明确要求，"大力发展现代职业教育，办好一批中、高等职业学校，支持一批特色优势专业，培育当地产业发展需要的技术技能人才。完善职业教育对口支援机制，鼓励东部地区职业院校（集团）对口支援贫困地区职业院校"。随之发布的《国务院关于加快发展现代职业教育的决定》和《现代职业教育体系建设规划（2014—2020年）》均不同程度地提出构建和完善现代职业教育体系，指出要加大对农村和贫困地区职业教育的支持力度，大力发展现代农村职业教育，明确培养适应农业产业化和科技进步的新型职业农民，推进农民继续教育工程，加强涉农专业、课程和教材建设，创新农学结合模式，发挥县域在农村职业教育发展方面的示范作用。2015年，《国家扶贫办 教育部 人力资源和社会保障部关于加强雨露计划支持农村贫困家庭新成长劳动力接受职业教育的意见》进一步明确农村职业教育的作用，强调"引导和支持农村贫困家庭新成长劳动力接受职业教育，是培养技能型人才、促进稳定就业、实现脱贫致富的治本之举"。2016年，《"十三五"脱贫攻坚规划》细化要求，鼓励东西部职教资源对接、企业扶贫与职业教育相结合，加强东部职教集团及职业院校的对口支援，以此强化贫困地区职业教育资源建设。2017年，《国家教育事业发展"十三五"规划》继续强调要"加大职业教育脱贫力度"，提出"让贫困地区每个劳动者都有机会接受适应就业创业需求的职业教育和培训"。同年发布的《关于深化教育体制机制改革的意见》指出，要"大力增强职业教育服务现代农业、新农村建设、新型职业农民培育和农民工职业技能提升的能力"。其次，拓宽农村职业教育服务乡村振兴的实践范围，加大政策支持力度。2018年，中央一号文件《关于实施乡村振兴战略的意见》提出"强化乡村振兴人才支撑"的目标要求，并做出优先发展农村教育事业、加强职业教育、大力培育新型职业农民的整体安排，措施上实施新型职业农民培育工程，支持新型职业农民通过弹性学制参加中高等农业职业教育，支持地方职业院校综合利用教育培训资源灵活设置专业、创新人才培育模式，为乡村振兴培养专业化人才。2018年的《国家乡村振兴战略规划（2018—2022年）》、2019年的中央一号文件《关于坚持农业农村优先发展做好"三农"工作的若干意见》都明确指出了要大力发展面向农村、面向乡村需求的职业教育，满足乡村产业发展和振兴需要。2020年发布的《中共中央　国务院关于实现巩固拓展脱贫攻坚成果同乡村振兴有效衔接的意见》进一步提出，要开展面向乡村振兴、以实现就业为导向的职业技能培训，加强贫困地区职业院校（技工院校）基础能力建设，继续支持脱贫户"两后生"接受职业教育。与之对应，自乡村振兴战略提出以来，国家相继出台了《职业学校校企合作促进办法》《高等学校乡村振兴科技创新行动计划（2018—2022年）》《国家职业教育改革实施方案》《职业技能提升行动方案（2019—2021年）》《农业农村部办公厅　教育部办公厅关于做好高职扩招培养高素质农民有关工作的通知》《职业教育提质培优行动计划（2020—2023年）》等政策文件，重点发展面向农村的职业教育，支持新型职业农民的培育，强调建立终身职业技能培训体系，扩大农村职业教育的招生规模，提高农村职业教育教学质量，并巩固脱贫攻坚成果同乡村振兴有效衔接。脱贫攻坚期间，我国农村职业教育发生了重大变革，并重新调整了其政策目标定位。乡村振兴战略赋予了农村职业教育新的使命，为农村职业教育的改革与发展提供了良好的机遇。在新时代下，农村职业教育有着广阔的发展空间，能够更好地适应社会需求和时代的变革，为培养适应农村发展需要的人才发挥积极作用。

4. 农村职业教育服务乡村全面振兴的融合阶段（2021年至今）

随着乡村振兴战略的深入实施，国家在明确了农村职业教育和乡村振兴战略的关系基础上，进一步加大了对农村职业教育的政策支持和投入。政策文件的出台和落实进一步强化了农村职业教育在促进乡村全面振兴中的重要作用，农村职业教育由此进入了与乡村全面振兴深度对接和融合的新阶段。第一，战略定位明确，需求导向强化。农村职业教育被纳入国家乡村振兴战略，被赋予为乡村振兴服务的重要使命。政策文件中明确提出要培养新型职业农民和实用人才，同时要求职业教育有针对性地设置涉农专业和课程，以适应乡村经济社会发展的新需求，推动乡村全面振兴。2021年《中华人民共和国乡村振兴促进法》正式实施，明确了乡村振兴与农村经济发展相互促进、彼此依存的关系，特别在人才振兴中强调加强农村职业教育和继续教育、指导和支持职业学校设置涉农相关专业、健全乡村人才工作体制机制，培养高素质农民和农村实用人才、创新创业带头人。第二，创新教育模式，全面优化人才培养。政策大力鼓励创新职业教育模式，如产教融合和校企合作、推动网络教育发展，以确保教育与实际应用相结合，培养具备实践能力的实用型人才，让更多乡村居民能够获得职业教育的机会。同时，政策更加注重职业教育机制建设与乡村人才队伍建设的衔接，强调完善乡村高技能人才职业技能等级制度，培育高素质农民、农村工匠和创业带头人，既促进乡村人才的全面发展，又为乡村振兴提供全方位的人才支持。2021发布的《关于全面推进乡村振兴加快农业农村现代化的意见》《关于推动现代职业教育高质量发展的意见》《关于加快推进乡村人才振兴的意见》等一系列政策文件在不同程度上突出了农村职业教育服务乡村全面振兴的精准导向，进一步强调了通过校企合作和育训结合培养乡村振兴人才，并面向农民就业创业需求建设产教融合基地，在县城和中心镇新建、改建、扩建中等职业学校，扩大建设涉农高校、涉农职业院校、涉农学科专业，以此鼓励更多农民和返乡农民工接受职业教育。同时，政策文件还提到了面向乡村发展的网络教育、新生代农民工职业技能提升计划、耕读教育、乡村工匠培养、乡村高技能人才职业技能等级制度建设等措施，以全面推动乡村振兴的高素质人才培育。此外，《中共中央 国务院关于做好 2022 年全面推进乡村振兴重点工作的意见》和新修订实施的《中华人民共和国职业教育法》也明确支持农村职业教育的发展，强调加强对农村人才队伍的建设和优化学科专业结构。2023 年的中央一号文件《中共中央 国务院关于做好 2023 年全面推进乡村振兴重点工作的意见》再次强调了乡村人才队伍建设的重要性，同时明确提出发展面向乡村振兴的职业教育以及深化产教融合和校企合作的举措，旨在加强农村职业教育发展与乡村振兴人才培养的有机衔接，推动乡村振兴战略的实现。

在新时代新征程中，农村职业教育在乡村振兴中扮演着更为重要的角色，其主要目标是实现人才振兴，凸显人才在乡村振兴中的核心地位。新时期赋予农村职业教育新的使命，即通过创新教育形式，激发乡村振兴所需的内生动力。自乡村振兴战略提出以来，农村职业教育服务乡村振兴的政策文本和内容逐步丰富和完善，在办学方向、管理体制等方面予以优化和改进，更加注重培养适应乡村经济社会发展需要的人才，更好地满足乡村发展的实际需求。综合而言，农村职业教育发展突出了服务乡村振兴的导向，并紧密结合实际需求进行优化和改进。相关政策文件的不断出台与落实，为农村职业教育服务乡村振兴提供了更加明确的发展方向和支持。通过一系列政策措施，农村职业教育得以拓展创新，逐渐摆脱过去单一、传统的教学模式，实现了从传统教学向数字化、智能化教学，从一刀切向个性化，从单一向综合，从有限到全面的转变，为乡村振兴提供了坚实的人才和智力支持，未来也将持续助力农村实现经济社会的全面发展。

（二）农村职业教育服务乡村振兴的困境与挑战

在不同的历史时期，农村职业教育在唤醒农民救国意识、促进农业生产发展、深化农村改革、助力脱贫攻坚和乡村振兴等方面都发挥了重要作用。"十三五"期间，我国农村职业教育取得了快速发展。从综合效果来看，农村职业教育为农业现代化建设开发了人力资源，为如期实现脱贫攻坚提供了有力支撑，为推动农村一二三产业融合发展、增强农业竞争力贡献了力量，为建设美丽乡村、提高农民素质提供了重要支持。[1]地方也探索出了行之有效的实践模式，取得了不错的成效。农村职业教育在政策的推动下取得了一系列进步，但在服务乡村振兴的过程中仍面临一些困境与挑战。

一是农村职业教育发展自身存在的诸多问题，涉及理念、模式和体系等方面，制约了农村职业教育服务乡村振兴的效果。其一，理念上，乡村地区的教育观念可能相对保守，对农村职业教育的认可程度仍然不高，加强对职业教育的宣传和推广，改变传统观念，可能需要较长的时间和持续的努力。其二，模式上，农村职业教育应该注重培养符合乡村发展需求的特色人才，但在实际实施过程中，特色定位不够明确，导致人才培养方向和目标不清晰。部分地区农村职业教育与乡村实际需求存

---

[1] 张祺午：《面向"十四五"：在新的起点上加快发展高质量的农村职业教育》，《职业技术教育》2020年第41卷第33期。

在脱节，缺乏行业导向与实践机会，反而加剧了乡村人才流失。其三，体系上，农村职业教育的发展也需要政策体系的支持和完善。当前相关政策虽有一定规划，但还缺乏完善的执行机制和监督体系，导致政策执行不力，影响了农村职业教育的长足发展。

二是农村职业教育在服务乡村振兴上存在着新的矛盾和挑战。农村职业教育与乡村振兴的联系虽日益加强，但农村职业教育难与乡村振兴有效融合，服务乡村振兴的贡献度较低，其根源在于共生环境营造不足、共生模式演化不强、共生单元联动割裂。[1] 在服务乡村振兴实践中存在"浅嵌"与"脱嵌"的适应性偏差困境，表现为教育前"冷农"、教育中"去农"和教育后"离农"的问题。[2] 其一，合作机制建设不稳固或断裂。相对于城市地区，农村地区的企业数量较少，产业结构相对单一，企业规模较小，管理水平和技术创新能力有限。农村地区在建立产教融合和校企合作的机制方面相对滞后，缺乏有效的沟通渠道、合作平台和机制保障，影响了双方的合作效果和持续性。同时，由于其跨界融合的发展属性，农村职业教育在发展过程中受外部干扰较大，在多方的利益博弈下，专业同质化严重，与现代农业产业发展需求严重脱节，以第一产业为主体的产教融合无法长效性开展，缺乏促进农村校企合作的整体性、系统性的合作机制，因此，农村职业教育在产教融合上处于

---

[1] 陈建明、张理剑：《职业教育嵌入乡村振兴共生发展的研究》，《教育与职业》2022年第14期。

[2] 刘红梅、肖泽平、杨素丹：《涉农职业教育增强服务乡村振兴适应性的实践困境及破解策略》，《教育与职业》2022年第12期。

低层次的发展阶段，服务乡村振兴的后劲不足。[①] 其二，城乡融合要求与资源不均衡的张力始终存在。许多优质的职业教育资源主要集中在城市，而乡村地区的职业教育资源相对匮乏，导致乡村学生在选择职业教育时面临较大的不公平。在城乡融合的大趋势下，当前职业教育城乡融合发展还面临着城乡二元发展格局制约下的体制失衡、职业教育发展基础差异下的机会失衡、职业教育发展布局偏颇下的结构失衡和职业教育投入资源不均下的资源失衡困境。[②] 破解区域农村职业教育资源配置不均衡、城乡职业教育差距过大、农业人才培养模式改革滞后、农村职业教育创新与服务能力不足等瓶颈问题，需要在新的起点上加快发展高质量的农村职业教育。[③]

二、农村职业教育服务乡村振兴案例研究

基于上述总结分析，本报告选择两个具有代表性的案例进行了深入调查，形成了案例研究报告。

[①] 朱成晨：《农村职业教育发展的共生逻辑：结构与形态》，《华东师范大学学报（教育科学版）》2022年第40期。

[②] 罗春燕：《职业教育城乡融合发展：瓶颈与策略》，《职教论坛》2021年第37期。

[③] 张祺午：《面向"十四五"：在新的起点上加快发展高质量的农村职业教育》，《职业技术教育》2020年第41卷第33期。

案例 1

树梦想　挖穷根　扶志气　大力培养乡村振兴人才
——信阳涉外职业技术学院乡村人才振兴案例

一、基本情况

信阳涉外职业技术学院成立于 2011 年，是由河南吉星对外劳务合作有限公司投资兴办，以国际就业为目标的高职院校，占地面积 262 亩，在校生 4075 人。学院拥有机械、建筑、汽车、服装、计算机等 20 个实习实训中心，具备完善的教学设施。开设模具设计、建筑工程管理、高铁乘务、服装工艺等 24 个专科专业，同时开设挖掘机、家政服务（月嫂）、机器人、日语、韩语等 20 余个短期培训专业。学院通过"涉外职业教育＋外派劳务＋回国创业"的系统化人才培养方式，挖掘学生自身潜力，搭建涉外就业和回国创业平台，使得农村学生成为有梦想、有信心、有资金、有本领的"新河南人"，为乡村振兴培养了一大批扎根县、乡创业的带头人才，激发了老区人民发展的内生动力。该院校被原国务院扶贫办授予"出国就业扶贫教育示范基地"。

二、主要做法

（一）激发学生内生动力，改变等、靠、要现象

一是挖掘自身潜力，重建学生自信。改变人才评价标准，根据企业需要的标准来衡量学生，缺点变优点。如胆子大、爱打架的学生，适

合创业；经常挨批评但忍耐力强的学生，适合做推销；喜欢玩游戏的学生，通过学习做游戏，月薪可达6000—8000元。学习不好的学生可以比态度，比对企业的忠诚，也会得到企业的认可。通过分析企业的需要，使学生重建自信，认清自身长处，树立创业梦想，实现自身价值。

二是挖掉思想穷根，提升学生自身素质。大龄农民、出生农村的学生自身普遍存在一些不足，例如不能主动以客户为中心、不讲卫生、工作不认真、团队精神不强等。学院教育结合当前国际市场用人要求，确立了22个思想教育专题，实现学生思想素质的提升，成为具有现代经营意识的新青年。

三是深入企业实践，重新认识自己的能力。学生经过三年的企业实践和课堂训练，培养了认真的习惯、热情服务的意识、良好的沟通能力，具备了较高的综合能力。通过进入企业实践，看到自己的差距，明确自身的努力方向，学院把学生、企业反映的问题带回来，改进教学方法，形成学院、企业和学生的三方良好互动，为实现学生学习的综合能力提升和全面发展奠定了基础。

（二）传承红色文化精神，增强学生自信

一是探寻革命前辈红色文化的当代价值。新县有丰富的红色文化，通过探寻放牛娃到将军的秘密，让学生学习传承优秀品质，如对共同致富的理想、对团队的忠诚以及养成团结协作的良好作风、树立坚韧不拔的意志等。这也启发我们，成就事业不仅仅在知识，培养良好的品质也能够成功，从而实现个人的理想。

二是红色文化进课堂。学校开学季的第一件事就是组织学生参观红色文化景点，体会红色精神魅力，感受先辈们视死如归的精神和对于事业的无限忠诚。通过提炼红色精神，编辑教学素材，如《他人满意我

愿成》体现了对客户的忠诚，《不畏困难，迎难而上》体现在实现客户的目标中克服困难的意志，《目标的魅力》实现个人目标和社会、国家目标的有机结合，克服极端个人主义，《别看我现在很平凡，将来也会不简单》坚定了学生挖掘自己性格的潜力，更加自信。

三是忠诚的红色文化在实践中闪光。学院培养的涉外学子拒绝国外高薪诱惑，按期回国，还帮助学院介绍国外企业用户，维护了学院的信用，扩大了学院在国外的影响力。近年来，学院的外派规模不断扩大，许多学生克服离开亲友等各种困难，三年间付出了艰辛的劳动，实现了自己的人生目标。有些学成青年不计个人得失，放弃高薪扎根农村，不畏艰难，帮助、带领他人创业、就业，实现了共同致富的梦想。

（三）实现职业教育与乡村振兴的有效衔接

一是掌握创业方法，培养乡村振兴带头人。针对青年出国就业挣到的第一桶金如何使用的问题，学院开展了创业培训，教授创业技巧，开设由当地创业成功人士宣讲的《创业讲坛》，从入学就树立创业意识，加强教育，引导创业成功人士帮助低收入人口实现就业。例如从国外回国的青年代大举，回乡创办了茶叶公司，组建了建筑工程队，开办了缝纫扶贫车间，后被村民选举为村党支部书记，成为乡村振兴的领路人。

二是出国高薪就业，实现创业梦想。学校在全省各地设立招生平台，愿意出国就业、符合条件的都可以实现出国就业，招生辐射河南省和周边省市。2017年韩国劳动部在学院设立了中部六省赴韩语言的考点，学生在考试合格和企业接收后实现赴韩就业。教育部考试中心在学院设置了国际日本语能力测试考点，考试到达四级的学生均有机会赴日就业。学院与日本、韩国等发达国家的305家优秀企业建立了紧密的合作关系，为青年学习先进的市场经营理念、现代农业技术经验提供了良好平台。

三、经验启示

（一）更新人才培养标准，人人都是人才。学院结合乡村振兴和企业发展的需要，帮助学生克服等、靠、要的思想，培养和引导学生依靠自身的奋斗去实现梦想，从而实现脱贫致富和带动他人共同致富。

（二）吸收先进理念，培养爱农村、懂农村、扎根基层的乡土人才。学院狠抓师资、校舍建设和培养质量，扩大外派规模，为河南省培养乡村振兴人才。学院外派的学生学到先进的理念和农业生产管理技能，回国也带回了第一笔创业资金，通过理论与实践相结合，成为乡村振兴的骨干。

（三）扎根农村办大学，更好助力乡村振兴。学院长期扎根农村、贴近农民，传承红色精神，挖准穷根，创新办学模式，帮助农民通过自己的努力改变生活。借力先进技术、资金，培养符合乡村发展实际需要的人才，讲好中国人才培养故事，办学模式得到了伊朗、埃塞俄比亚和我国商务部对外援助领导的肯定和关注。

案例 2

围绕人才振兴助力乡村振兴
——兰考三农职业学院培养"三农"人才的实践探索

乡村振兴,关键在于人才。近年来,兰考三农职业学院立足当地资源,充分发挥学院人才高地和科技创新策源地优势,着力培养懂农业、爱农村、爱农民的"三农"工作队伍,为助力全面乡村振兴提供了人才支撑和"'三农'智慧"。

一、基本情况

兰考三农职业学院筹建于2017年,是河南省属公办全日制高等专科院校,2020年经省政府同意设立,并报国家教育部备案,由开封市人民政府和兰考县人民政府共建和管理,河南省教育厅负责教育教学管理。校园占地652亩,建筑面积32万平方米,绿化覆盖率达42%,总投资13.6亿元,图书馆面积4.2万平方米,馆藏图书总量32万册。现设有9个系部、35个专科招生专业(其中涉农专业6个)、89个班级,在校学生约4300人。学院是教育部"1+X证书"试点院校,工信部"校企协同就业创业创新示范实践基地",河南省特色农作物种质资源工程研究中心,河南省职业技能等级认定中心。

二、主要做法

（一）内外两手抓：创新"三农"人才培育模式

优化学科专业布局，培育乡村专业化技能型人才。学院调整优化学科专业布局，加强新兴农科专业和涉农专业建设，改造升级传统农科专业和涉农专业，建设新兴交叉学科农科专业，构建体现新农科内涵的课程体系和实践教学体系，推进学科发展与乡村振兴协同互动。目前，学院设立了现代农业技术、种子生产与经营、农村新型经济组织管理、畜禽智能化养殖、食品检验检测技术和食品营养与健康等6个"三农"专业，设置了"设施种植技术""农村新型经济组织管理""农业企业经营管理"等一批核心课程致力于培养乡村振兴专业化、技能型人才。

注重校际合作交流，推动产学研用协同创新。学院围绕地方优势产业，广泛开展理论与实践上的交流合作，被中国农业大学人文与发展学院授予中国农业大学人文与发展学院研究生校外实践基地，与河南农业大学合作成立兰考泡桐研究院，与华北水利水电大学合作成立碳中和研究院，与中国农业科学院合作成立中原研究中心乡村振兴中心，与河南省农业科学院合作成立兰考分院，并相应开展乡村振兴实地调研、理论研究和战略咨询。依托科研合作平台，结合资源条件、产业基础和发展态势，在优质小麦、高油酸花生、优质果蔬及绿色畜牧、绿色植保等学科领域，为相关产业的产前、产中、产后提供全方位、全过程的技术服务，培育壮大了一批粮食精深加工企业，提升"埇阳馒头""曲大姐""萧美人""兰考蜜瓜""兰考红薯"等地方品牌社会影响力，以切实的举措推动产学研用协同创新，有效发挥服务乡村振兴"信息库"和"人才库"作用，扎实促进科技成果推广转化。

（二）全方位提素质：创新"三农"主体培训模式

成立"三农"培训中心，广泛提升基层人员素质。学院单独设立正科级机构"三农"培训中心，承担各级基层党政机关干部、企事业单位管理人员、基层农村干部、高素质农民、农技农经农机人员、合作社、家庭农场、致富带头人、返乡创业人员、退役军人及其他人员的培训。通过运用课堂教学、互动教学、现场教学、情景教学等多种教学手段，制订红色精神、乡村振兴、城乡融合发展、人居环境改善、基层党组织建设、基层社会治理等课程，广泛开展乡村振兴基层人才培训，提升基层人员素质。

加强各主体培训的针对性，充实"三农"各领域人才。针对在校学生，聚焦省、市、县重点企业及新兴产业开办专业。同时开展校校、校企合作，使学院与企业无缝对接，实现学生入校即入企、入校便就业；针对基层干部，依托"三农"培训中心和中国农业大学人文与发展学院·兰考乡村振兴研究院，面向"一懂两爱"农村基层干部和"一懂一爱"高素质农民开展系列短期培训；针对农村居家灵活就业人员，组织专家组进乡村、进田间、进农家，分别进行烹饪、护理、电焊、面点、种植养殖、病虫害防治等实用技术培训，每年培训达8000人次以上；针对企业在岗职工，组织教师及专家进企业、进厂房、进车间，根据企业需求实施技能提升培训，每年为企业培训人才4000余人；针对大学毕业生、退役军人、农村经济发展带头人等，结合兰考县的民族乐器制造、板材加工、特色产业以及新型生态进行创业培训，年培训2000人次以上，累计创业6800余人，提供就业岗位约21400个。

（三）吸收与探索：拓展合作领域与模式

围绕将兰考县打造成"中国乡村振兴故事讲述地""中国乡村振

兴思想理念输出地""中国乡村振兴人才培训基地"的目标，拟定下一步规划：一是开展年度系列乡村典型经验调研工作（调研题目附后）及人才培训工作；二是兰考桐花节期间举办第二届兰考乡村振兴论坛，论坛主题暂定为"县域治理'三起来'与宜居宜业和美乡村建设"；三是在兰考桐花节期间促成中国农业大学在读外国留学生团队届时参与会议，提升兰考桐花节中国发展话语地位（国际知名度），同时在兰考县授牌"留学生讲好中国故事实践基地"；四是秋季合办中国农村发展研究博士生论坛；五是探索党建引领乡村振兴的院地合作模式。

三、经验启示

（一）重视职业院校学科专业建设工作，盘活地方资源。结合地方特色，处理好新型农业与传统农业的关系，重视新兴农科专业与涉农专业的建设工作，发挥职业院校的基础性优势，推动学科建设与乡村振兴协同发展。

（二）创新基层人员的培训方式，探索分类培养模式。拓展培训覆盖的主体，统筹培训工作，提升培训质量与效益，创新培训教学手段，开发并创新相关培训课程的主题与内容，提升培训内容与方式的主体针对性和适配性，培养一批懂农业、爱农村、爱农民的高素质乡村振兴人才队伍。

（三）深入推进合作办学模式，拓展交流领域。充分利用高等院校的办学经验，构建共享与科研合作平台，带动职业院校优化人才培养体系，创新并拓展交流合作方式、渠道与范围，推动科研创新和科技成果在本地实现转化。

三、基于农村职业教育服务乡村振兴案例研究的思考

目前农村职业教育还面临一系列的挑战,需要政府、学校和社会各方共同努力,为农村职业教育的可持续发展创造良好的环境,从而全面推进乡村振兴。

(一)全面客观分析农村职业教育服务乡村振兴的新机遇

随着乡村振兴战略的实施,农村地区的发展需求日益增加,对于高素质人才的需求也在不断上升。农村职业教育作为培育和输送人才的重要途径,具备了更多的发展空间。政府正在加大对农村职业教育的扶持力度,提供更多的资金和政策支持,以推进教育资源优化配置和乡村人才培养。同时,社会各界对于农村职业教育的关注度也在提升,不断涌现出更多的合作机会和资源共享平台。新技术、新模式的引入也为农村职业教育带来了创新发展的机遇,例如在线教育、虚拟实训等方式能够突破地域限制,弥补教育资源不均衡问题,提高农村职业教育的覆盖范围和质量。因此,农村职业教育服务乡村振兴面临着技术创新、产业升级、政策支持和社会需求等多方面的新机遇。

一是技术创新带来的机遇。其一,随着互联网的普及和宽带网络的建设,农村地区也能够利用在线教育平台提供高质量的远程学习服务。农村职业教育可以借助在线教育平台,为农民提供灵活、便捷的学习方式,打破地域限制,让更多的农民有机会接触到优质的职业教育资源。其二,通过虚拟现实(VR)和增强现实(AR)等技术,可以模拟真实的工作场景和操作过程,为学生提供更具实践性的职业教育培训。农村

职业教育可以建立虚拟实训环境，让学生在虚拟的农田、工厂等场景中进行实践操作，培养他们的实际技能和解决问题的能力。其三，移动终端设备的普及使得随时随地的学习成为可能，农村职业教育可以利用移动学习平台提供教学内容和学习资源，方便学生在闲暇时间进行学习。移动学习的灵活性和便利性更能满足学生灵活学习的需求，促进职业技能的提升。其四，借助大数据和人工智能技术，农村职业教育可以对学生的学习数据进行分析，了解每个学生的学习特点和需求，实现个性化的学习指导和推荐。通过针对性的培训，提高学习效果和学员满意度，进一步激发他们的学习积极性。

二是产业升级带来的机遇。其一，随着乡村经济的转型升级，新兴产业如电子商务、互联网＋、智能农业等在农村地区蓬勃发展。这些新兴产业对于高素质人才的需求日益迫切，而农村职业教育可以针对这些产业特点提供相关专业技能培训，培养适应产业发展需要的人才。其二，农业生产越发依赖现代科技手段。农村职业教育可以利用先进的农业科技设备和专业师资进行农业科技培训，提升农民的科技水平和农业生产效率，推动农业产业的创新与升级。其三，绿色农业是农村可持续发展的方向之一，对于农民掌握环境保护和生态农业技术的能力提出了要求。农村职业教育可以开设与绿色农业相关的培训课程，帮助农民了解绿色农业的理念和技术，并培养专业人才参与绿色农业产业的发展。其四，乡村旅游是促进乡村振兴的重要方式之一，而文化传承是乡村旅游的重要组成部分。农村职业教育可以为乡村旅游从业者提供专业的服务技能培训，同时也可以开设传统文化、手工艺等方面的课程，帮助农民传承和发展当地的优秀传统文化，推动乡村旅游产业的升级和发展。

三是政策支持带来的机遇。其一，为了促进乡村振兴，政府将加大对农村职业教育的政策支持力度,提供财政资金用于农村职业教育的建设和发展。政府可以通过设立专项基金、提供补贴或贷款等方式,支持农村职业教育机构的设立和改善基础设施条件,推动农村职业教育的发展。其二,政府积极开展对乡村经济发展和产业升级所需要的人才需求调查与评估工作,为农村职业教育提供明确的发展方向和目标。通过了解农村地区的人力资源需求,政府可以有针对性地制定支持乡村职业教育的政策,加强与企业的合作,推动产学研用的深度融合。其三,近年来,政府鼓励农村职业教育机构和从业者进行教育教学模式的创新和实践,推动教育资源的优化配置和优质教育的提供。

四是社会需求带来的机遇。通过提高农民的就业能力、创业机会,促进产业升级,解决职业人才缺口,助力精准扶贫以及推动乡村文化传承与创新,农村职业教育在满足社会需求方面具有巨大的潜力和机遇。其一,提升就业能力和创业机会。随着乡村经济的发展和产业结构的调整,农村人才需求日益增长。通过提供职业培训和技能提升,农村职业教育使得农民、农村青年等群体的就业能力得到有效提升,满足乡村各行各业对高素质技术人才的需求。同时,农村职业教育还为学生提供创业的机会,激发创新创业精神,推动乡村经济的多元化发展。其二,弥补职业人才缺口。在城市化进程中,许多年轻人离开农村追求更好的发展机会,导致农村地区出现了职业人才的短缺问题。农村职业教育的发展填补了这一人才缺口,通过培养和输送更多的农村职业人才,解决了乡村地区的用工荒问题,并促进了人才在乡村振兴中的流动与留用。其三,助力精准扶贫和农民素质提升。农村职业教育可以为贫困地区的学生提供就业技能培训,帮助他们摆脱贫困状态,实现可持续发展。通过提高农民的技能水平,农村职业教育还能够增强农民的脱贫能力,提升其自我发展和自我脱贫的能力，助力精准扶贫工作的开展。其四，促进乡村文化传承与创新。农村职业教育不仅关注职业技能培养，还注重乡村文化传承与创新。通过传授乡村传统文化知识和技艺，农村职业教育激发了乡村青年对乡村文化的热爱和创新热情，促进了乡村文化的传承与发展。

（二）推进农村职业教育服务乡村振兴长效机制构建

农村职业教育作为推动乡村振兴的重要内容，是实现农村可持续发展和全面小康社会的关键环节。然而当前我国职业教育正面临着服务农业产业化发展、统筹城乡教育资源、促进农民物质与精神富裕以及参与乡村生态建设与社会治理的挑战。[1] 因此，为进一步提升农村职业教育服务乡村振兴的质量与效率，需要进一步优化农村职业教育服务乡村振兴策略，构建长效机制。

一是构建政策支持和资金投入机制。政策支持和资金投入是优化农村职业教育服务乡村振兴的重要手段。因此，为推动农村职业教育服务乡村振兴，实现乡村的全面发展，应进一步加强政策支持和资金投入。具体而言，首先，应制定针对农村职业教育服务乡村振兴的专门政策，明确支持农村职业学校的发展和壮大。政策可以包括财政补贴、税收优惠、用地支持等方面的措施，激励和引导更多的农村学校参与职业教育，提高教育质量和覆盖面。其次，应增加财政投入，提供更多资金支持农村职业教育的发展。资金可以用于农村职业学校的设施建设、师资培训、

---

[1] 范栖银、石伟平：《促进农民农村共同富裕背景下职业教育的现实挑战与应对策略》，《教育与职业》2023年第02期。

教材购置、技术设备更新等方面，提高学校的硬件条件和教学质量。同时，还可以通过设立专项基金，鼓励企业、社会组织等参与农村职业教育。最后，应完善政策机制。建立健全农村职业教育的政策机制，确保政策的有效实施和落地。包括建立评估考核机制，对政府、学校和教师的工作进行定期评估，促进工作的规范和质量提升。同时，加强政策宣传，提高政策的普及率和参与度，增强各方面的积极性和主动性。

二是构建多元化课程优化设置机制。为农村职业教育注入多元化的课程内容，包括农业技术、农产品加工、现代农业管理、电子商务等方面的培训。这能够帮助农民获取更广泛的知识和技能，适应多样化的就业和创业需求。在行业导向方面，根据当地农村产业发展情况和就业需求，设立适应性强的行业导向课程。结合农村特色产业，例如农业种植、养殖、农产品加工等，开设相应的技术培训课程，培养与当地产业相匹配的专业人才。在创新创业教育方面，农村职业教育应注重培养学生的创新创业意识和能力。设置创新创业教育课程，包括市场营销、创业管理、创新设计等内容，帮助学生了解市场需求、掌握创业技巧并提供实践机会，如创业实训基地、创业项目孵化等，促进学生将知识转化为实际行动。在环保与可持续发展方面，开设环境保护、资源循环利用、可持续农业等方面的课程，培养学生的环保意识和绿色发展观念，促进农村产业的可持续发展。在综合素质教育方面，除了专业技能培训，农村职业教育还应注重学生的综合素质培养。设置综合素质教育课程，包括文化、体育、心理健康等方面的内容，提高学生的综合素养和社会适应能力，增强他们的综合竞争力。在实践与实习方面，在课程设置中充分考虑实践教学环节，加强与企业和学校合作，提供实践和实习机会。通过参观考察、实地调研、企业实习等方式，让学生亲身感受行业发展现状，锻炼实际操作能力，为就业创业打下坚实基础。

三是构建行业合作机制。与当地产业相关的企业和组织建立合作机制，开展实训基地建设和实践教学。通过与企业深度合作，使培训内容与实际工作需求相匹配，提高学员的职业素质和实际应用能力。首先，应搭建校企合作平台。通过与企业的密切合作，学校可以了解企业的用人需求和技术要求，调整课程设置，提供符合市场需求的培训项目。同时，企业也可以通过合作平台提供实践机会、提供教材和设备支持，共同培养适应未来农村产业发展需要的专业人才。其次，要开展实践教学项目。与行业合作伙伴共同开展实践教学项目，为学生提供实践机会。例如，与农业企业合作进行农田耕作、农产品种植等实践活动；与养殖基地合作进行养殖技术实训；与农产品加工企业合作进行农产品加工实习；等等。通过实践教学项目，学生能够将理论知识应用到实际操作中，提升自己的实际技能，并更好地适应就业市场需求。再次，搭建信息共享平台。建立一个农村职业教育与行业合作伙伴之间的信息共享平台，实现信息的互通和共享。通过共享平台的建立，学校可以及时了解到企业的新技术、新产品、新需求等信息，调整培养方案和课程内容，确保所教授的知识与行业需求保持紧密衔接。同时，行业合作伙伴也可以了解到学生的培养情况，为学生提供更多的就业机会和实践支持。最后，与行业合作伙伴合作，建立起学生就业推荐机制。通过与企业建立良好的合作关系，学校可以获得更多的就业机会，为学生提供更多的就业渠道。同时，企业也可以通过推荐机制发现符合其要求的优秀毕业生，提高用人能力。

四是构建加强师资队伍建设机制。通过加强师资队伍建设，农村职业教育可以提升教师队伍素质，为乡村振兴提供更专业、更高水平的教育服务。具体来说，可以从以下几个方面进行完善。首先，应提高师资培训水平。加大对农村职业学校教师的培训力度，提高他们的教学水平和专业素养。培训内容可以包括教学方法与策略、行业最新技术与发展趋势、就业指导与创业辅导等方面。培训可以采取定期集中培训、外出参观学习、邀请专家授课等多种形式，不断更新教师的知识储备，提高他们的教学能力。其次，应引进专业人才与合作教师。通过引进专业人才和行业专家，加强农村职业学校的教师队伍建设。可以邀请相关行业的专家和企业高级管理人员担任兼职教师或特聘教授，为学生传授最新的行业知识和实践经验。同时，也可以与相关企业建立合作关系，在企业内部选派教师到学校任教，使教师能够更好地了解行业需求和发展动态，提高教学质量。再次，应建立教师交流平台。通过教师之间的互动交流，分享教学心得、教学资源和经验，共同提高教学水平。可以组织教师培训班、教学研讨会、教学观摩等活动，促进教师之间的沟通与合作，形成良好的师资协作机制。又次，应鼓励教师参与科研与项目申报，并提供相应的支持。通过参与科研和项目申报，教师能够不断提升自己的专业水平，拓宽教学视野，为学生提供更多的创新创业机会和实践平台。最后，应建立评价机制与激励措施。建立科学的教师评价机制，对教师的教学质量、教学成果和师德表现进行评估。在评价结果的基础上，建立激励措施，如奖励优秀教师、提供晋升晋级机会等，激发教师的积极性和创造力。

　　五是构建现代远程教育发展机制。通过发展现代远程教育，农村职业教育可以充分利用信息技术手段，解决教育资源不足、教师短缺等问题，提供更广泛、更灵活的教育机会，为乡村振兴提供有力支撑。具体而言，主要包括以下几个方面。其一，建设数字化教育平台。搭建专门的数字化教育平台，为农村职业学校提供在线学习和教学资源。平台可以包括在线课程、教学视频、电子教材、在线作业等功能，方便学生在任何时间、任何地点进行学习。通过数字化教育平台，可以突破时空限制，提供更广泛、更灵活的学习机会，让农村学生享受到优质的教育资源。其二，提供远程教学培训。针对农村职业学校的教师，提供远程教学培训，使他们掌握远程教育的教学技能和方法。培训内容可以包括远程教学平台的操作、教学设计与策略、在线互动与评估等方面。通过培训，提高教师对远程教育的理解和运用能力，确保教学质量和效果。其三，加强师资远程培训。与高水平的城市职业学校或高等院校建立合作关系，利用远程教育技术，为农村职业学校的教师提供专业培训。这样的合作可以通过远程视频会议、网络课程等方式进行，让农村职业学校的教师能够接触到更多优秀的教育资源和专业知识，提高他们的教学水平。其四，推广远程考试与评估。使用远程教育技术，推广远程考试和评估方式。通过在线考试系统和远程监控技术，实现远程监考，确保考试的公平性和安全性。同时，可以借助人工智能技术，对学生的作业和答题进行自动评估，提高评估的效率和准确性。

四、深刻理解农村职业教育服务乡村振兴的理论创新与时代意蕴

习近平总书记指出，要加大人力资本投入，提升教育质量，加强职业教育和技能培训，提高劳动者素质，更好适应高质量发展需要，切

实防范规模性失业风险。[①]职业教育服务是保障基本民生，确保社会大局稳定的重要内容。农村职业教育服务针对农村地区的实际需求能够精准定位和特色发展，对培养适应当地产业和就业市场需求的专业技能人才具有重要的推动作用。同时农村职业教育服务尤其注重产教融合，能够促使学生在实践中获取真实的工作经验和技能训练，并提升其创新创业能力等。农村职业教育服务作为农村地区的教育改革和促进乡村高质量发展的重要内容，具有重要的学术意义和实践价值。

（一）农村职业教育服务乡村振兴的理论创新

农村职业教育服务作为推动乡村振兴的重要内容，在促使农民实现自身发展的同时，也丰富了乡村振兴的理论。

一是对人力资本理论的贡献。首先，农村职业教育服务通过培养适应现代农业和乡村产业发展需求的技术人才，提高了学生的职业技能水平和就业竞争力，从而增加了农村劳动力市场的供给质量。其次，农村职业教育服务注重综合素质培养，不仅关注职业技能培训，还强调对农民的职业道德、创新创业能力和社会责任感的培养，提高了农民的综合素质与人力资本积累。再次，农村职业教育服务通过提供职业发展路径和机会，激发了学生的学习动力与自我发展意识，促进了他们对知识和技能的渴望和应用，从而提升了学生的人力资本投资水平。最后，农村职业教育服务注重构建乡村人才支撑体系，为乡村振兴提供了重要的人力资源和智力支持，为乡村经济的可持续发展提供了坚实的人才基础。进一步而言，农村职业教育服务拓展了人力资本理论的适用范围，并为

[①] 习近平：《习近平谈治国理政》第四卷，外文出版社，2022，第210页。

乡村地区的人力资源开发和利用提供了实践路径与理论支撑。

二是对治理理论的贡献。农村职业教育助推乡村振兴的治理主要有三个方面的内容：对职业教育的治理、对乡村建设的治理，以及对农村职业教育助推乡村振兴工作的治理[①]。虽然农村职业教育服务在开展过程中面临着一系列的挑战，但农村职业教育服务的持续开展一定程度上提升了乡村治理能力的现代化水平。首先，农村职业教育服务强调遵循因地制宜、因需施策的原则，针对不同地区和产业的发展需求，提供个性化的培训方案，倡导自主、适度和创新的治理理念，推动了治理模式的多样化和灵活性。其次，农村职业教育服务注重多元参与和协同合作，积极促进政府、企业、学校、社会组织等多方利益主体的合作与共治，构建起多层次、多元化的农村治理结构，加强了社会参与和民主决策，提升了治理效能和公共资源利用率。再次，农村职业教育服务注重培养学生的技术能力、创新能力和自主发展能力，提高了他们的自我管理和自我治理能力，从源头上推动了农村治理的内生机制和可持续性。最后，农村职业教育服务通过培养适应乡村振兴需求的专业人才，为农村治理提供了人才支持，提高了治理队伍的专业水平和能力，为乡村振兴战略的实施提供了坚实的智力支持。总的来说，农村职业教育服务深化了治理理念和模式，加强了多元参与和协同合作，提升了学生的自我治理能力，并为乡村治理体系的建设和发展提供了新的思路和路径。

[①] 沈军、陈慧：《治理有效：职业教育助推乡村振兴的路径改革》，《国家教育行政学院学报》2020年第272期。

（二）农村职业教育服务乡村振兴的时代意蕴

随着中国社会经济发展进入新时代，农村发展也面临许多新的挑战和机遇。农村职业教育服务以适应新时代农村经济发展需求为导向，通过提供与农村产业结构、市场需求紧密对接的职业培训和教育服务，为乡村振兴提供了重要支撑具有极其重要的现实意义。

1. 坚持以人民为中心的必然结果

中国共产党自成立以来，始终坚持以人民为中心，将人民群众的需求和利益放在首位。农村职业教育服务应高度关注学生的需求和利益，始终坚持以人民为中心。首先，农村职业教育服务关注学生真实所需。农村职业教育服务的开展需建立在深度调研学生实际需求的基础上，通过对农民需求的精准把握，有针对性地提供符合他们需求的职业培训项目和课程设置，从而确保培训的针对性和实用性。其次，农村职业教育服务强化农民职业导向。农村职业教育服务注重培养学生的就业创业能力，致力于通过提供职业规划指导、创业培训和就业服务，帮助学生实现稳定就业、创业致富，增强他们的发展能力和获得感。再次，农村职业教育服务持续搭建普惠平台。通过建立健全的政策体系，加强资源整合和协作合作，确保学生无论地域、经济条件如何，都能够平等地获得职业教育服务，促进乡村教育公平和社会公正。最后，农村职业教育服务注重学生服务反馈。农村职业教育服务逐渐建立反馈机制，在鼓励学生积极参与培训的同时引导农民对开展的服务进行反馈，从而对以后的培训进行完善与改进，以更好地满足学生的诉求。

2. 推动教育均衡发展的必要路径

教育均衡的推动离不开农村职业教育服务的开展，农村职业教育服务是推动教育均衡，缩小城乡差距的重要内容。当下，农村职业教育服务通过多种途径推动着教育的均衡。首先在提供平等的教育机会方面，农村职业教育服务致力于为农村地区的学生提供平等的受教育机会。通过建立农村职业教育学校、培训中心以及在线教育平台等教育机构，将教育资源引入农村地区，弥补农村与城市之间的教育差距。其次在优化教育资源配置方面，农村职业教育服务持续优化教育资源的配置，确保资源在农村地区得到合理分配，从而使学生能够拥有多样化的课程和专业选择。再次在产教融合方面，农村职业教育服务通过与当地农业、工业、旅游等领域的企业和产业园区合作，了解他们的人才需求和技能要求，开设相关专业课程，培养符合当地产业发展需求的人才。这样可以提高农村劳动力的技能水平，促进农村产业的升级和发展。最后在强化教育师资队伍建设方面，农村职业教育服务重视培养和吸引高素质的教师队伍，为农村地区提供优质的教学力量。通过提供教师培训和开拓职业发展机会，加强对教师的支持和激励，提高教师的教学水平和专业素养，力争农村学生能够接受到与城市学生同等水平的教育。

3. 促进乡村全面振兴的必由之路

职业教育高质量发展服务乡村全面振兴是新时期新阶段的新认识与新定位，符合国家战略愿景的必然逻辑、体现理论自洽的应然逻辑、遵循实践自觉的实然逻辑。[1] 农村职业教育服务作为实现农村高质量发展的重要内容，是推进乡村振兴的必由之路。具体而言，农村职业教育服务通过职业技能培训、创新创业教育、与产业对接、提供就业服务以

---

[1] 王志远、朱德全：《职业教育高质量服务乡村振兴的逻辑证成与发展路向》，《西南民族大学学报（人文社会科学版）》2023年第44期。

及加强政策支持等途径改善农村的整体面貌，促进农村高质量发展。在职业技能培训方面，农村职业教育服务提供与当地经济产业相匹配的职业技能培训。通过开展农村适应性强、实用性强的职业培训课程，为乡村人才提供能够适应现代农业、乡村旅游、农村电商等领域的技能培训，提高学生的就业竞争力和创业能力。在提供就业服务方面，围绕乡村振兴新业态，培养现代农业人才。农村职业教育服务与就业市场和人力资源部门紧密合作，为农村学生提供就业服务和创业支持。如建立就业信息平台，提供就业信息发布、岗位推荐、招聘会等服务，帮助农村学生了解就业机会、找到适合的工作岗位。同时，也可以提供创业指导、资金支持、创业孵化等创业服务，鼓励农村人才在乡村振兴中创业就业。在加强政策支持方面，政府持续加大对农村职业教育服务的政策支持力度，如对农村职业教育机构和项目给予财政资金支持、税收减免等优惠政策等，为农村人才的培养和发展创造良好的政策环境。在建立监管与评估机制方面，部分地区进一步加强了对农村职业教育服务机构的监管，明确教学标准和质量要求，进行定期评估和考核。同时，建立了学生就业跟踪机制，了解他们的就业情况和职业发展状况，为后续课程的改进提供参考依据。

随着农村产业结构的调整和农村经济的转型升级，传统的农耕生产方式已远不能满足农村的需求。通过提供针对性的职业培训和教育，能够进一步培养乡村人才具备现代化农业技术和创新能力，推动农村经济的结构优化和产业的转型升级。因此，农村职业教育服务乡村振兴具有多方面的意义，是提高乡村人才自我发展能力和就业竞争力，推动农村全面发展的关键因素。

后　记

务农重本，国之大纲。习近平总书记亲自为河南乡村振兴点题定向，河南省委、省政府全面贯彻落实习近平总书记视察河南时的重要讲话重要指示精神和党中央、国务院决策部署，坚持农业农村优先发展，为全省经济社会全面发展提供有力支撑。全面推进乡村振兴，就是要协调推进农村经济建设、政治建设、文化建设、社会建设、生态文明建设和党的建设，解决好农业农村发展相对滞后问题，通过促进乡村全面发展补齐现代化进程中的短板弱项，扎实推动共同富裕、加快中国式现代化的进程。乡村振兴是关系全面建设社会主义现代化国家的全局性、历史性任务，是一项久久为功的系统性工程。

河南省是全国重要的农业大省、农村人口大省，是我国实施乡村振兴战略的重要区域，对保障国家粮食安全和全面实现农业现代化具有深刻影响意义。由于全省各地发展水平差异，各地乡村家底、地域分布、特色资源均不相同，这就为河南省在全面推进乡村振兴实践中，找准着力点、突破点，创新探索更符合乡村发展实际的新路子提供了更为广阔的空间和潜力。河南省在习近平总书记关于全面推进乡村振兴重要论述指引下，在实施乡村振兴战略实践中，开拓创新，勇于探索，逐步走出了一条具有河南特色的乡村振兴道路。

本书是我主持或参与乡村振兴相关项目研究、多次深入基层开展乡村振兴专题调研的部分成果呈现。本书的出版，得到了大象出版社的鼎力支持。在此，对为本书研究提供素材的作者、为本书出版精心付出的编辑、领导及人员，一并致以衷心的感谢。

"雄关漫道真如铁，而今迈步从头越。"在中华民族伟大复兴的进程中，面对世界百年未有之大变局和国内经济社会发展深刻变化的复杂形势，做好"三农"工作的重要性更加凸显。只有稳住"三农"这个基本盘，才能为有效应对各种风险挑战赢得主动，为落实高质量发展要求、做好全局工作增添底气。新征程上，河南省"三农"工作形势持续向好，同时我们也要清醒看到，河南省仍然是全国城乡发展不平衡、农村发展不充分的重要区域。但是，在习近平新时代中国特色社会主义思想指引下，在以习近平同志为核心的党中央坚强领导下，相信全省会以更加有力的举措推动各项任务落地见效，河南乡亲们的生活必将越过越红火，广袤的中原大地必将更加生机盎然。

张博

二〇二三年冬